Johanna Steinfeld

Arbeit gestalten

Die Deutsche Nationalbibliothek verzeichnet diese Publikation
in der Deutschen Nationalbibliographie; detaillierte bibliographische
Daten sind im Internet über www.dnb.de abrufbar.

wbg Academic ist ein Imprint der wbg

In Zusammenarbeit mit der Gesellschaft für Unternehmensgeschichte
Die Herausgabe des Werkes wurde durch die
Vereinsmitglieder der wbg ermöglicht.
Satz: Arnold & Domnick, Leipzig
Gedruckt auf säurefreiem und
alterungsbeständigem Papier
Printed in the EU

Besuchen Sie uns im Internet: www.wbg-wissenverbindet.de

ISBN 978-3-534-27582-3

Elektronisch ist folgende Ausgabe erhältlich:
eBook (PDF): 978-3-534-27583-0

Johanna Steinfeld

Arbeit gestalten

75 Jahre Arbeitgeberverband HessenChemie

Herausgegeben von Dirk Meyer / Jürgen Funk

wbg Academic

HessenChemie
Campus

Inhalt

Vorwort

Nach dem Zweiten Weltkrieg lag Hessen am Boden. Viele Städte und Fabriken waren zerstört. Doch die Hessen krempelten die Ärmel hoch, packten den Wiederaufbau an und leisteten damit einen wichtigen Beitrag zum wirtschaftlichen Aufschwung, der als „Wirtschaftswunder" Eingang in die Geschichtsbücher fand.

Im Rahmen des wirtschaftlichen Wiederaufbaus und eines funktionierenden Gemeinwesens organisierten sich auch die Arbeitgeber neu. Was zunächst auch in der Chemieindustrie als Gegenmacht zur Gewerkschaft begriffen wurde, entwickelte sich im Laufe der Jahrzehnte zu der heute für die Branche bewährten Sozialpartnerschaft.

Am 1. Dezember 1946 trat die Hessische Landesverfassung in Kraft. Auch die chemische Industrie fasste langsam wieder Fuß, wenn auch zumeist unter schwierigen Umständen. So mussten beispielsweise die I. G. Farben erst unter alliierter Aufsicht entflechtet werden, bevor 1951 die Farbwerke Hoechst als eigenständiges Unternehmen gegründet werden konnten.

Am 1. April 1947 wurde unser Verband zunächst in Form eines Dachverbandes aufgestellt. Da die amerikanische Militärregierung mit dieser Organisationsform jedoch nicht einverstanden war, gründete sich der Arbeitgeberverband Chemie und verwandte Industrien für das Land Hessen e. V. schließlich am 28. November 1947 in Wiesbaden neu, dieses Mal als regionaler Arbeitgeberverband mit unmittelbarer Mitgliedschaft der Unternehmen. An der konstituierenden Sitzung nahmen 51 Unternehmer teil. Als Verbandssitz wurde Wiesbaden bestimmt.

Im Sommer 1948 zählte man bereits 328 Mitgliedsunternehmen mit 38 000 Beschäftigten. Zum Vergleich: Heute sind es 316 Unternehmen mit 108 000 Beschäftigten. Grundpfeiler des ordnungspolitischen Selbstverständnisses des Arbeitgeberverbandes HessenChemie waren und sind das Bekenntnis zur Sozialen Marktwirtschaft, die Tarifautonomie sowie eine gelebte Sozialpartnerschaft mit der IGBCE.

HessenChemie wird 2022 somit 75 Jahre alt. Grund genug, um uns mit der Gesellschaft für Unternehmensgeschichte (GUG), Frankfurt, gemeinsam in unser Archiv zu begeben und Akten, Dokumente und Fotos zu sichten und auszuwerten. An dieser Stelle danken wir sehr herzlich den Firmenarchiven von Evonik, Merck und Infraserv Höchst sowie den Bildgebern, dem Institut für Stadtgeschichte Frankfurt und dem Archiv der Sozialen Demokratie der Friedrich-Ebert-Stiftung, die unsere eigenen Quellen mit zahlreichen Fotos in wunderbarer Weise ergänzt haben. Unser herzlicher Dank geht ebenso an das Hessische Wirtschaftsarchiv und das Hessische Landesarchiv, die mit Auskünften geholfen haben und deren Bestände für die Anfertigung dieser Dokumentation genutzt wurden.

Dieses Buch widmen wir den bisher neun Vorstandsvorsitzenden des Verbandes, die beginnend mit dem „Gründervater“ Edgar Jörg große Verdienste für die gesamte Branche erworben haben. Sie stehen stellvertretend für die unzähligen Menschen aus den Mitgliedsunternehmen, die sich in den Organen und Gremien unseres Verbandes ehrenamtlich engagiert haben und dies bis zum heutigen Tage tun. Gleichzeitig danken wir allen Mitarbeiterinnen und Mitarbeitern, die hauptamtlich für HessenChemie tätig waren oder sind und als Expertinnen und Experten in ihrem jeweiligen Fach die Mitgliedsunternehmen unterstützt und die Sozialpartnerschaft mitgeprägt haben.

Das vorliegende Werk befasst sich in acht Kapiteln mit der Historie des Arbeitgeberverbandes HessenChemie und damit auch mit der Geschichte der vielen Arbeitgeber, die sich im Verband zusammengeschlossen haben. Zudem werden Entwicklungen und Herausforderungen der jeweiligen Jahrzehnte aufgezeigt. Im Spannungsfeld der verschiedenen Interessen mussten dabei immer wieder neue Lösungen entwickelt und tragfähige Kompromisse gefunden werden.

Nach dem Wiederaufbau setzten zunächst Wachstumsjahre für Wirtschaft und Verband ein. Mit Beginn der 1960er-Jahre verlangsamten sich diese jedoch und es traten Spannungen zwischen Arbeitgeber- und Gewerkschaftsseite auf, die schließlich 1968 und 1971 auch in Hessen in Streiks mündeten. Erst danach entwickelte sich langsam und schrittweise eine Sozialpartnerschaft, die heute weithin als ein Markenzeichen der Branche beschrieben werden kann.

Als sich seit den 1990er-Jahren die Rahmenbedingungen für wirtschaftliches Handeln änderten, wurden der Flächentarifvertrag flexibilisiert und innovative tarifliche Lösungen entwickelt. So konnte eine hohe Tarifbindung erhalten und die Folgen von strukturellen Veränderungen wie von wirtschaftlichen Krisen bewältigt werden. Davon haben Beschäftigte und Arbeitgeber profitiert.

Doch die Komplexität der Herausforderungen wächst seit den 2000er-Jahren weiter. Demografie und Digitalisierung sind Einflussgrößen, die sich manifestiert haben. Die Dekarbonisierung unserer Industrie ist eine historische Aufgabe und im internationalen Wettbewerb stellen sich Fragen nach dem globalen Zusammenspiel von Wirtschaft und Politik neu.

Wir schauen also auf 75 Jahre HessenChemie zurück in einer Phase, in der sich unsere Branche im Umbruch befindet. Dieser Blick in die Vergangenheit kann uns allerdings Zuversicht geben, auch die Zukunft erfolgreich gestalten zu können.

Wiesbaden, 28. November 2022

Oliver Coenenberg
Vorstandsvorsitzender
Arbeitgeberverband Chemie und verwandte Industrien für das Land Hessen e. V.

1 „STUNDE NULL" – DER AUFBAU DES ARBEITGEBERVERBANDES

Die Situation nach dem Zweiten Weltkrieg wurde von vielen Zeitzeugen als „Stunde Null" wahrgenommen, als Situation, in der auf die Zerstörungen ein vollständiger Neuanfang in Gesellschaft, Politik und Wirtschaft folgte.[1] Dass dies nicht der Fall war, ja vor allem auf personeller Ebene auch gar nicht der Fall sein konnte, haben Historiker und Historikerinnen für verschiedene gesellschaftliche Bereiche gezeigt.[2] Häufig knüpften Unternehmen, Behörden, Vereine und Organisationen anderer Art an Vorangegangenes und Bestehendes an, das gerade im Bereich der Wirtschaft und so auch der chemischen Industrie in Hessen nicht so vollständig zerstört war, wie es die Bilder von in Trümmern liegenden Städten hätten glauben machen können.

Mit Blick auf den Arbeitgeberverband der hessischen Chemie liegt der Fall so, dass es keine organisationale Kontinuität geben konnte, da sozialpolitische Aktivitäten in der NS-Zeit von neu gebildeten Zwangsorganisationen übernommen worden waren. Die Struktur des Verbandssystems nach 1945, innerhalb dessen sich die Arbeitgeberverbände nach dem Zweiten Weltkrieg formierten, war jedoch nicht gänzlich ohne Vorbilder, denn ihr dreiteiliger Aufbau ging bereits auf die Zeit vor dem Nationalsozialismus zurück: Schon das Kaiserreich kannte die Trennung in wirtschaftspolitische und sozialpolitische Verbände sowie in Industrie- und Handelskammern, die sich auf Reichsebene formiert hatten und schließlich in der Weimarer Republik als Reichsverband der Deutschen Industrie (RDI), Deutscher Industrie- und Handelskammertag (DIHT) und Vereinigung der Deutschen Arbeitgeberverbände (VggdA) nebeneinander bestanden.[3]

Die Gründung von Parteien und Organisationen, also auch Arbeitgeberverbänden und Gewerkschaften, in Hessen nach dem „Dritten Reich" bedurfte der Lizenzierung durch die amerikanische Militärregierung.[4] Zur Grün-

← *Zerstörtes Degussa-Werk in der Gutleutstraße in Frankfurt am Main, 1944.*

dung des Arbeitgeberverbandes Chemie in Wiesbaden, das 1945 zunächst Hauptstadt von Groß-Hessen, später von Hessen wurde, führte eine Verordnung der Hessischen Minister für Wirtschaft und Verkehr sowie für Arbeit und Wohlfahrt vom 30. November 1946.[5] Diese Verordnung genehmigte die Bildung von „Sozialrechtlichen Fachgemeinschaften", die den fachlichen Gliederungen der Gewerkschaften entsprechen sollten. Die daraufhin am 1. April 1947 gegründete „Sozialrechtliche Fachgemeinschaft Chemie für das Land Hessen e. V." fungierte als Dachorganisation für Vereine einzelner Industriegruppen. Da die Besatzungsbehörden jedoch den Zusammenschluss von Arbeitgebern nur akzeptierten, wenn diese unmittelbar einem Verband beitraten, kam es am 28. November 1947 zur Neugründung des „Arbeitgeberverband Chemie und verwandte Industrien für das Land Hessen e. V." (im Folgenden mit dem heutigen Namenszusatz „HessenChemie" bezeichnet), der die Sozialrechtliche Fachgemeinschaft Chemie ablöste.[6]

Der Verband HessenChemie sollte die Arbeitgeber derjenigen Industriezweige aufnehmen, deren Arbeitnehmer sich in der IG Chemie-Papier-Keramik (im Folgenden: IG Chemie) zusammengeschlossen hatten.[7] Im ersten Rundschreiben formulierte HessenChemie als Gründungsmotivation ein „schlagkräftiges Gegengewicht gegen die Gewerkschaften" bilden zu wollen.[8] Wesentlich diplomatischer drückte dies die Gründungssatzung aus: „Der Verband hat die Aufgabe, den Arbeitsfrieden zwischen Arbeitgebern und Arbeitnehmern zu fördern und zu sichern."[9] Der neue Arbeitgeberverband

Verzeichnis

der Gründer des **Arbeitgeberverbandes Chemie und verwandte Industrien** für das Land Hessen e.V. in der Versammlung vom 28. 11. 1947.

Name	Vertretene Firma	Sitz der Firma
1. Abel	Chemische Fabrik Schweizer-Effax G. m. b. H.	Bensheim-Auerbach
2. Direktor Aretz	Vereinigte Glanzstoff-Fabriken A.-G.	Kelsterbach/M.
3. Otto Braun	B. Braun	Melsungen
4. Dr. Dannehl	Cassella Farbwerke-Mainkur	Frankfurt a. M.-Fechenheim
5. Bude	Behringwerke	Marburg a. d. Lahn
6. Dr. Dietz	Chemische Werke Albert	Wiesbaden-Amöneburg
7. Dr. Eller	Werner & Mertz Aktiengesellschaft,	Frankfurt a. M.-Höchst
8. Born	Farbenfabrik G. E. Habich's Söhne	Veckerhagen — Hann.-Münden
9. Dir. Dr. Henkel	E. Merck	Darmstadt
10. Otto Röhm	Röhm & Haas G. m. b. H. Chem. Fabrik	Darmstadt
11. Hermann Keßler	Keßler & Co.-	Gelnhausen
12. Dr. Pensel	Farbwerke Höchst U.S. Administration	Frankfurt a. M.-Höchst
13. Direktor Kuhl	Kalle & Co. A.-G.	Wiesbaden-Biebrich
14. Dr. Kronberger	Spinnfaser A.-G.	Kassel
15. Dr. Schultz	Klebstoffwerke Collodin Dr. Schultz & Nauth K. G.	Frankfurt a. M.-Mainkur
16. Direktor Dr. Schulz	Scheidemandel-Motard-Werke A.-G.	Wiesbaden-Schierstein
17. Altwein	Degussa, Deutsche Gold und Silberscheideanstalt	Frankfurt a. M.
18. Georg Stowasser	Farbwerke Wilhelm Urban G. m. b. H.	Frielendorf
19. R. A. Wolfgramm	M. Woelm, Fabrik chem. pharm. Präparate	Eschwege
20. E. Heinlein	Schlüchterner Seifenfabrik E. Heinlein	Schlüchtern
21. Franz Ziener	Chemische Werke Albert	Wiesbaden-Amöneburg
22. Direktor Dr. Erich Krögel	Deutsche Dunlop Gummi Comp.	Hanau
23. Direktor Dr. A. Distler	Hanauer Gummischuhfabrik	Hanau
24. Borst	Veritas-Gummiwerke A.-G.	Gelnhausen
25. Direktor Dr. Giese	Gummiwerk Fulda A.-G.	Fulda
26. Birn	Continental-Gummiwerke A.-G.	Korbach
27. Leonhardt	Tewa Technische Werkstoff-Artikel G. m. b. H.	Darmstadt
28. Direktor Hermann Brüggemann	Hessische Gummiwaren-Fabrik Fritz Peter A.-G.	Klein-Auheim
29. Direktor Reinh. Althanns	Gummiwerke Odenwald	Neustadt/Odenwald
30. Dr. Jörg	Zellstoffabrik Waldhof A.-G.	Wiesbaden
31. Willi Euler	Papierfabrik Euler	Bensheim
32. Heinrich Wagner	W. Schaaff Nachf. Kunstlederfabrik	Hofheim/Ts.
33. Dr. Martin	Dr. E. Fresenius K.-G.	Bad Homburg v. d. H.
34. Dr. Kaufmann	Chemische Fabrik Griesheim U.S. Administration	Frankfurt a. M.-Griesheim
35. Wachendorff jr.	Rudolf Koepp & Co. Chemische Fabrik A.-G.	Oestrich/Rhg.
36. Dr. Schickert	Merz & Co.	Frankfurt a. M.
37. Dr. Söhngen	W. Söhngen & Co.	Wiesbaden
38. Lüddeck	Veith-Gummiwerke A.-G.	Höchst/Odenwald
39. Kappus	M. Kappus	Offenbach
40. Heil	Dreiturm-Seifenindustrie G. m. b. H.	Steinau, Krs. Schlüchtern
41. Direktor Jesinghaus	Steingutfabrik Staffel G. m. b. H.	Staffel
42. Direktor Ludwig	Wächtersbacher Steingutfabrik G. m. b. H.	Schlierbach bei Wächtersbach
43. Obermeyer	J. Gioth G. m. b. H.	Hanau
44. Direktor Liertz	Chemische Werke Brockhues Aktiengesellschaft	Niederwalluf/Rhein
45. Petri	Beo, Petri & Co.	Wiesbaden-Dotzheim
46. Uhlhorn	Dr. Uhlhorn & Co. G. m. b. H.	Wiesbaden-Biebrich
47. B. May	B. May Söhne	Gr. Zimmern
48. Schaeffer	Widefa O. H. G. H. & E. Diefenbach	Wiesbaden
49. Günter Schoeps	Chem.-techn. Fabrik St. Ludwig	Wiesbaden
50. Möbs	P. J. Möbs	Gießen
51. Walter Müller	Kasseler Farben- und Lackfabrik	Kassel

← *Verzeichnis der Gründer des Arbeitgeberverbandes HessenChemie, 28. November 1947.*

Blick in ein Labor der Farbwerke Hoechst, 1949.

übernahm das Vermögen der Vorgängerorganisation und warb um den Eintritt ihrer bisherigen Mitgliedsunternehmen.[10] Dem kamen die meisten Unternehmen nach: Ein Jahr nach der Gründung fehlten zwar noch rund 20 Prozent der ursprünglich der Sozialrechtlichen Fachgemeinschaft angehörigen Unternehmen, dies waren aber überwiegend kleine oder kleinste Betriebe.[11] Bis 1949 war der Arbeitgeberverband HessenChemie so stark gewachsen, dass seine Mitgliedsfirmen rund 55000 Beschäftigte zählten.[12] Im Gefüge aller Arbeitgeberverbände in Hessen war HessenChemie gemessen an der Zahl der Mitarbeiter seiner Mitgliedsunternehmen der zweitgrößte, mit deutlichem Abstand zum Verband der Textilindustrie (rund 17500 Beschäftigte in den Mitgliedsfirmen). Der Arbeitgeberverband der Metallindustrie nahm mit rund 108000 Beschäftigten in seinen Mitgliedsfirmen den Spitzenplatz ein.[13]

In der von der Gründungsversammlung am 28. November 1947 verabschiedeten Satzung legte der Chemie-Verband als seine Aufgabe fest, den „Arbeitsfrieden zwischen Arbeitgebern und Arbeitnehmern“ zu sichern. Dazu oblagen ihm der Abschluss von Tarifverträgen mit Gewerkschaften und die Kontrolle von deren Einhaltung, die Einschaltung bei Meinungsverschiedenheiten und die Beratung und Vertretung der Mitglieder auf den Gebieten der Sozialpolitik und des Arbeitsrechts.[14] An der Spitze stand der ehrenamtlich tätige Vorstand mit Vorsitzendem und dessen zwei Stellvertretern sowie höchstens acht Beisitzern (seit 1949: höchstens zehn Beisitzer), die jede

Industriegruppe des Verbandes repräsentieren sollten. Der bisherige Vorstandsvorsitzende der Sozialrechtlichen Fachgemeinschaft Chemie, Edgar Jörg von der Zellstofffabrik Waldhof Wiesbaden, war zunächst kommissarischer, seit der Mitgliederversammlung im März 1948 gewählter Vorstandsvorsitzender. Er blieb es bis zum Jahr 1951.[15]

Der erste Vorstand bestand zudem aus Hermann Brüggemann (Hessische Gummiwarenfabrik Fr. Peter, Klein-Auheim), Otto Henkel (E. Merck, Darmstadt), Otto Braun (B. Braun Melsungen), Eugen Heinlein (Schlüchterner Seifenfabrik), Ferdinand Pensel (Farbwerke Hoechst), Franz Ziener (Chemische Werke Albert, Wiesbaden), Alfons Distler (Hanauer Gummischuhfabrik), Johannes Ludwig (Wächtersbacher Steingutfabrik), Max Wellenstein (J. G. Mouson, Frankfurt). Sie alle wurden durch die Militärregierung einer politischen Überprüfung auf Basis der Spruchkammerbescheide unterzogen.[16] Diese Bescheide wurden im Zuge der Entnazifizierung in sogenannten Spruchkammerverfahren auf Grundlage des Gesetzes zur Befreiung von Nationalsozialismus und Militarismus, das am 5. März 1946 vom Länderrat des amerikanischen Besatzungsgebiets verabschiedet worden war, ausgestellt. Sie sahen eine Eingruppierung in fünf Kategorien vor, die von Hauptschuldigen (I) bis zu Entlasteten (V) reichten. Im Fall des ersten Vorstands von HessenChemie waren fast alle Mitglieder in die Kategorie der Entlasteten eingestuft worden; ein Mitglied wurde in Kategorie IV eingeordnet.[17]

Erster Geschäftsführer von HessenChemie wurde der frühere Geschäftsführer der Sozialrechtlichen Fachgemeinschaft Erich Musset. Beratend sollte der Große Ausschuss wirken, der sich aus 40 Vertretern der Verbandsmitglieder zusammensetzte. Über dieses besonders zur Meinungsbildung wichtige Organ konnten die Mitglieder in die strategische Verbandsarbeit eingebunden werden. Aufgrund seiner überschaubaren Anzahl von Mitgliedern war der Große Ausschuss noch handlungsfähig; ganz im Gegensatz zur Mitgliederversammlung mit im November 1948 rund 340 Vertretern, die als oberstes Organ des Verbandes den Vorstand und Großen Ausschuss wählte und als deren Aufsichtsorgan fungierte.[18] Die meisten Unternehmen gehörten der größten Industriegruppe Chemie an. Daneben bestand die Möglichkeit, dass kleinere Industriegruppen laut Satzung gesonderte Verbandsorgane als sogenannte Fachausschüsse (ab 1949: Fachabteilungen) bilden konnten. Die Unternehmen dieser Fachausschüsse konnten in Absprache mit dem Verbandsvorstand von HessenChemie eigene Tarifabkommen abschließen.

Auf Ebene der Geschäftsleitung hatte es in den ersten zwei Jahren zwei personelle Wechsel gegeben. Nach der Entlassung des ersten Geschäftsführers Erich Musset im ersten Halbjahr 1948, welche in den Quellen nicht weiter begründet wird,[19] war auch sein Nachfolger Wilhelm Freund nur für kurze Zeit im Amt. Von ihm hatte man sich wegen Ungereimtheiten in der Buchführung getrennt.[20] Im Juni 1949 folgte Ludwig Losacker als Geschäfts-

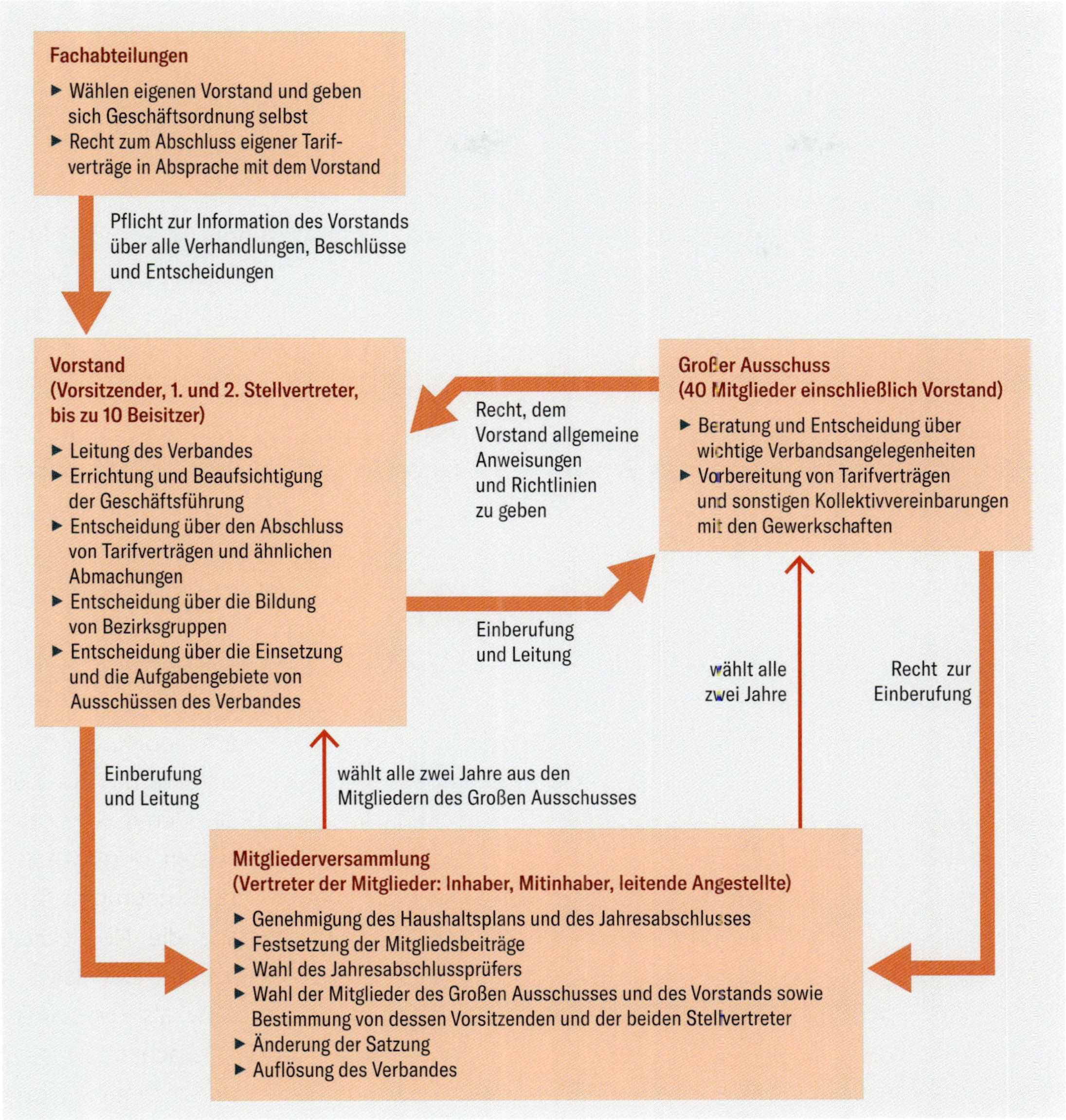

→ *Aufbau des Arbeitgeberverbandes HessenChemie nach der Satzung vom 29. November 1949.*[22]

führer. Er darf als ein Beispiel für einen nicht untypischen Lebenslauf gelten, den jüngst der renommierte Historiker Ulrich Herbert nachzeichnete. Der aus heutiger Perspektive schwer aufzulösende Widerspruch zwischen Personen, die sich in der Zeit des Nationalsozialismus aktiv am Unrecht des Staates beteiligt hatten, gleichzeitig jedoch in der Bundesrepublik Deutschland und ihren dann ausgeübten Ämtern „als loyale Staatsbürger" erwiesen, findet sich quasi prototypisch bei Losacker.[21] Diese Widersprüche wurden häufig erst in der jüngsten Geschichte offenkundig, da aufgrund der Umstände der Entnazifizierung und des kollektiven Schweigens über die NS-Vergangenheit in der Nachkriegszeit die Vorgeschichte vieler Männer der Wirtschaft und Verwaltung lange Zeit nicht hinterfragt bzw. aufgeklärt wurde.

Der neu gegründete Arbeitgeberverband finanzierte sich über Mitgliedsbeiträge. Deren Höhe wurde jedes Jahr neu bestimmt und betrug in den kommenden Jahren meist 1,5 bis 2 Promille der Bruttolohn- und Gehaltssumme, die die Unternehmen an ihre Beschäftigten zahlten. Gerade in den Nachkriegsjahren baten verschiedene Unternehmen immer wieder um die Stundung der Mitgliedsbeiträge, da sie diese wegen ihrer desolaten finanziellen Situation nicht zahlen konnten. Die Unternehmen hatten mit der Umstellung von Kriegs- auf Friedenswirtschaft zu kämpfen, ebenso wie mit fehlenden Rohstoffen und dem Mangel an Kapital. Auch stellte sie der Aufbau der zerstörten Produktionsstätten vor Herausforderungen, wenngleich es hier, wie bereits erwähnt, große Unterschiede gab. So waren beispielsweise die Werke von Hoechst bei Frankfurt am Main weitgehend unversehrt geblieben.[23] Die chemische Industrie war zudem von Demontagen der Alliierten betroffen, durch die das Risiko eines Neuaufbaus des deutschen Militärs verringert werden sollte.[24] Insgesamt fanden sich acht hessische Unternehmen der chemischen Industrie auf der Demontageliste der sogenannten Bizone von 1947 wieder. Vor allem bei den Unternehmen der früheren I. G. Farben, deren Zentrale in Frankfurt am Main und mit Hoechst eines der wichtigsten Werke in der hessischen Zone lagen, ging es auch um einen Wissenstransfer an US-Firmen.[25] Die Entflechtung der I. G. Farben wurde seit August 1948 konsequent durch Amerikaner und Briten vorangetrieben.[26]

Die Chemieindustrie war kein Einzelfall innerhalb Hessens, das wiederum Spiegelbild der schlechten wirtschaftlichen Situation Deutschlands war. So belief sich der Index der industriellen Produktion in Hessen im Jahr 1946 auf nur noch 31 Prozent des Jahres 1936.[27] Auch die Mangelversorgung der hessischen Bevölkerung, die nach amerikanischen Schätzungen im Sommer 1947 eine Lebensmittelzuteilung von 900 Kalorien pro Kopf erhielt, war aus Unternehmersicht fatal, weil die Produktivität mit den ausgelaugten Beschäftigten litt. Wenngleich bis Ende 1949 in Hessen beinahe wieder der Produktionsstand von 1936 erreicht werden konnte, profitierten die Unternehmen der hessischen Chemieindustrie nicht im selben Maße von diesem Aufschwung: So waren vor allem die pharmazeutische Industrie, die Körperpflegemittelindustrie, die Seifenindustrie, die keramische Industrie und große Teile der kunststoffverarbeitenden Industrie noch 1949 „sehr schweren, zum Teil tödlichen Krisen ausgesetzt", wie der Vorsitzende Edgar Jörg in seinem Rückblick auf das Jahr 1949 während der Mitgliederversammlung im März 1950 konstatierte.[28]

Doch obwohl die Herausforderungen der Nachkriegsjahre sehr groß waren, sind aus den Unternehmensgeschichten auch hohe Motivation und großer Aufbauwille herauszulesen. Karl Merck, Teilhaber und Unternehmensleiter des Darmstädter Pharmaunternehmens Merck, das zu den Gründungsmitgliedern von HessenChemie gehörte und dessen Werksgebäude bei Kriegsende zu rund 70 Prozent

Arbeiter der Farbwerke Hoechst, 1949.

zerstört waren, gab als Leitspruch der Nachkriegsjahre „Arbeiten und nicht verzweifeln!" aus.[29] Ähnliches ist vom seit 17. Dezember 1947 im Arbeitgeberverband Chemie vertretenen, damals noch in Frankfurt ansässigen Pharmaunternehmen Engelhard überliefert, dessen Fabrik zu 70 bis 75 Prozent zerstört worden war. Dort erinnerte sich im Jahr 1972 ein Prokurist der Firma: „Nach dem Kriege gelang es Herrn Dr. Karl Engelhard, alle Kräfte zum Wiederaufbau zu organisieren. Alle Firmenmitglieder [...] kämpften wacker gegen Schutt und Verfall. Das war dann eine Freude, als die Firma wie ein Phönix aus der Asche aufstieg."[30] Der Vergleich mit „Phönix aus der Asche" steht für die große Kraftanstrengung der Unternehmen und ihrer Mitarbeiter, die nötig war, um die lange Strecke von einem wahrgenommenen „Nullpunkt" hin zum Normalbetrieb vor dem Hintergrund des politischen, wirtschaftlichen und gesellschaftlichen Zusammenbruchs zu bewältigen.

Dieser starke Wille zum raschen Wiederaufbau zeigte sich auch im Arbeitgeberverband. Hier war es vor allem der Vorsitzende Edgar Jörg, der bis 1949 die Struktur des Arbeitgeberverbandes schuf. Zunächst betraf das ganz praktische Dinge wie die Suche nach einer passenden Immobilie für die Geschäftsstelle, die zunächst in den Privaträumen des ersten Geschäftsführers Erich Musset in Wiesbaden und seit Frühjahr 1948 in für den Verband zu teuren Hotelzimmern des Hotels Nizza, Wiesbaden, untergekommen war.[31] Am 1. Juli 1949 erfolgte der Umzug in einen Neubau in der Wiesbadener Steubenstraße.[32] Aufgrund der zentralen Lage Hessens innerhalb der französischen, britischen und ame-

Zerstörungen des Zweiten Weltkriegs im Werk Röhm & Haas in Darmstadt, 1944.

rikanischen Zonen wirkte Edgar Jörg zudem am Aufbau zweier weiterer Arbeitgeberzusammenschlüsse mit: dem 1948 in Wiesbaden für die Bizone gegründeten „Zentralsekretariat der Arbeitgeber des Vereinigten Wirtschaftsgebiets" (Vorläuferorganisation der BDA) und dem von September 1947 an errichteten „Arbeitsring der Arbeitgeberverbände der Deutschen Chemischen Industrie e. V." (im Folgenden: Arbeitsring, heute BAVC).[33] Alle drei Organisationen wurden für einen kürzeren Zeitraum in Personalunion geführt.[34] Zuletzt war HessenChemie auch der „Arbeitsgemeinschaft der hessischen Arbeitgeberverbände" beigetreten (später: VhU), wenngleich ein wenig zögerlich aus Sorge vor einem möglichen Kompetenzverlust, dem zu großen Einfluss des Metallarbeitgeberverbandes und dem hohen Mitgliedsbeitrag.[35]

Durch Jörgs Engagement im Arbeitsring, in dem er kommissarischer Vorsitzender war,[36] wurde zwar die Basis für eine enge Verbindung zwischen dem Spitzenverband der Chemie-Arbeitgeberverbände und HessenChemie geschaffen, die bis heute andauert. Auf der anderen Seite jedoch trat die eigene Verbandsarbeit von HessenChemie 1948 deshalb eher in den Hintergrund, wie Jörg in seinem Geschäftsbericht im Frühjahr 1950 rückblickend konstatierte.[37] Erst die Gründung der „Sozialpolitischen Arbeitsgemeinschaft der Arbeitgeber des Vereinigten Wirtschaftsgebietes" im April 1949, in die das Zentralsekretariat überführt wurde und die schließlich 1950 in den Zusammenschluss „Bundesvereinigung der Deutschen Arbeitgeberverbände“ (BDA) mündete, schaffte Entlastung.[38] Auch die endgültige Konstituierung des Arbeitsrings am 25. Mai 1949 und die räumliche Trennung der drei Verbände durch den Einzug von HessenChemie in die Räumlichkeiten der Steubenstraße am 1. Juli 1949 waren hilfreich, um sich mehr auf die eigene Verbandsarbeit zu konzentrieren.[39] Dazu gehörte zum einen die vom Verband schon in der Anfangszeit als bedeutsame Säule seiner Arbeit identifizierte Kontaktpflege zu den Mitgliedern in Form von Rundschreiben, in denen Informationen über allgemeine sozialpolitische Aspekte, Verbands- und Gewerkschaftsthemen und rechtliche Fragestellungen vermittelt wurden. Während von Januar bis März 1949 nur drei dieser Rundschreiben verschickt worden waren, vervielfachte sich diese Zahl für die Monate April bis Dezember auf 23. Auch wurde von den Mitgliedsfirmen die Einzelberatung immer stärker nachgefragt: Im Zeitraum April bis Dezember 1949 versechsfachten sich die durch den Verband beantworteten Anfragen im Vergleich zur Zeitspanne von Januar 1948 bis März 1949.[40]

Ein weiterer Ausdruck der intensivierten Verbandsarbeit war die durch die Mitgliederversammlung vom 29. November 1949 genehmigte Satzungsänderung. Unter den neu aufgenommenen Bestimmungen waren unproblematische Ergänzungen wie die Feststellung der Gemeinnützigkeit des Vereins und seiner parteipolitischen Neutralität.[41] Auch die Verankerung der Bezirksgruppen in der Satzung wurde ohne Diskussionen der Verbandsorgane in den Monaten zuvor vorgenommen. Die Bezirksgruppen wurden etabliert, um die weiten Entfernungen innerhalb Hessens zu kompensieren. Sie arbeiteten wiederum eng mit parallel gegründeten Arbeitgeber-Bezirksgruppen der Metallindustrie zusammen.[42]

Nicht ganz reibungslos hingegen war die Diskussion um die in der Satzung vom 29. November 1949 neu fixierte Stellung der Fachausschüsse (seit der Satzungsänderung: Fachabteilungen) innerhalb des Arbeitgeberverbandes Chemie verlaufen. Es ist sogar naheliegend, dass diese Frage überhaupt den Anstoß für die Satzungsreform gegeben hatte. Innerhalb des Arbeitgeberverbandes Chemie hatten sich nach dessen Gründung zunächst mehrere Fachausschüsse nach Branchen gebildet, von denen schließlich nur einige Bedeutung behielten: Chemie, Papier, Kunststoff und Kautschuk. Der Fachausschuss Kautschuk beanspruchte im Frühjahr 1949 größere Autonomie und strebte eine eigene Organisationsform innerhalb des Verbandes an.[43] Der Arbeitgeberverband Chemie konnte den Mitgliedsfirmen der Kautschukindustrie jedoch nur teilweise entgegenkommen, denn die geforderte Stellung als Verein innerhalb des Verbandes hätte den Arbeitgeberverband zu einer Dachorganisation degradiert.[44] Letztlich erfuhren die Fachabteilungen aufgrund dieser Diskussionen durch die Neufassung der Satzung vom 29. November 1949 eine Aufwertung.[45] Es ist allerdings zu vermuten, dass die nicht gewährte Autonomie 1949 16 Unternehmen der Kautschukindustrie mit rund

Arbeitgeberverband Chemie
und verwandte Industrien
für das Land Hessen

Wiesbaden, den 3. Dezember 1947.
Adolfsberg 2
Fernruf: 2 68 96

Rundschreiben Nr. 1

Die Militärregierung hat allen Sozialrechtlichen Fachgemeinschaften die Genehmigung ihrer Satzungen versagt. Infolgedessen müssen sie aufgelöst werden.

In der auf den 28. November 1947 einberufenen Delegiertenversammlung der Sozialrechtlichen Fachgemeinschaft Chemie wurde einstimmig die Auflösung der Sozialrechtlichen Fachgemeinschaft Chemie für das Land Hessen zum 31. Dezember 1947 beschlossen. Am gleichen Tage wurde der

„Arbeitgeberverband Chemie und verwandte Industrien für das Land Hessen e. V."

nach dem Muster der im Abdruck beigefügten Satzung einstimmig von allen Erschienenen gegründet.

Ein Verzeichnis der Gründer ist ebenfalls als Anlage diesem Rundschreiben beigefügt.

Das Vermögen der Sozialrechtlichen Fachgemeinschaft geht auf den neuen Arbeitgeberverband über mit der Auflage, alle Rechte und Pflichten aus den bestehenden Verträgen der Sozialrechtlichen Fachgemeinschaft Chemie zu erfüllen.

Nach den Richtlinien der Militärregierung und des Wirtschaftsministeriums war nur zu entscheiden, ob ein Arbeitgeberverband mit unmittelbarer Mitgliedschaft der einzelnen Firmen gegründet werden sollte oder ob die sozialpolitischen Aufgaben in Zukunft von sozialpolitischen Ausschüssen der wirtschaftlichen Vereinigungen erledigt werden sollten und, wenn man sich für eine Übertragung dieser Aufgaben auf einen Arbeitgeberverband entscheiden würde, ob alle Industriezweige der bisherigen sozialrechtlichen Fachgemeinschaft Chemie einschließlich der Keramischen Industrie, welche sich ohnehin uns anschließen wollte, und etwa neu hinzukommende Industriezweige in einem Verband zusammengefaßt werden sollten oder ob einzelne Industriezweige selbständige Arbeitgeberverbände gründen wollten.

Die Versammlung entschied sich **einstimmig** für einen einheitlichen Arbeitgeberverband, welcher alle Industriezweige aufnehmen kann, die auf der Arbeitnehmerseite in der Gewerkschaft Chemie, Papier, Keramik für das Land Hessen zusammengeschlossen sind. Es sollte so ein einheitlicher großer Arbeitgeberverband geschaffen werden, um ein schlagkräftiges Gegengewicht gegen die Gewerkschaften zu bilden.

Alle Erschienenen beteiligten sich an der Gründung und traten sofort mit den von ihnen vertretenen Firmen dem neuen Arbeitgeberverband bei.

Soweit Sie Ihren Beitritt noch nicht schriftlich erklärt haben, bitten wir, die Erklärung rechtzeitig vor dem 31. 12. 1947 rechtsverbindlich **durch eingeschriebenen Brief** abzugeben, damit Sie in den Genuß des Fortfalles des Eintrittsgeldes laut § 12 der Satzung kommen. Der Jahresbeitrag wird sich voraussichtlich auf etwa RM 2.— für jeden bei Ihnen Beschäftigten belaufen.

Zum vorläufigen Vorstand ist der alte Vorstand der Sozialrechtlichen Fachgemeinschaft, der aus den Herren

1. Dr. Jörg	in Fa. Zellstoffabrik Waldhof Wiesbaden	als Vorsitzender
2. Direktor Brüggemann	in Fa. Hess. Gummiwarenfabrik Fr. Peter A.-G., Kl.-Auheim	als 1. Stellvertreter
3. Direktor Dr. Henkel	in Fa. E. Merck, Darmstadt	als 2. Stellvertreter
4. Dr. Pensel	in Fa. Farbwerke Höchst	
5. Heinlein	in Fa. Seifenfabrik Schlüchtern, Schlüchtern	
6. Ziener	in Fa. Chem. Werke Albert, Wiesb.-Amöneburg	
7. Dr. Distler	in Fa. Hanauer Gummischuhfabrik, Hanau	

bestand, einstimmig gewählt worden. Als neue Mitglieder wurden hinzugewählt die Herren:

Dr. Wellenstein	in Fa. J. G. Mouson, Frankfurt a. M.	als Vertreter der Körperpflegemittel-Industrie
Direktor Ludwig	in Fa. Wächtersbacher Steingutfabrik G. m. b. H., Schlierbach bei Wächtersbach	als Vertreter der Keramischen Industrie
Otto Braun	in Fa. E. Braun, Melsungen	als Vertreter des Bezirks Nordhessen

Die Wahlen der Mitglieder des Großen Ausschusses und des endgültigen Vorstandes sollen in der ersten ordentlichen Mitgliederversammlung im ersten Vierteljahr 1948 durchgeführt werden.

Hochachtungsvoll

gez.: **Dr. Jörg**

500 1247 K/0584 2948

↑ *Rundschreiben Nr. 1 des Arbeitgeberverbandes HessenChemie, 3. Dezember 1947.*

10 000 Beschäftigten veranlasste, aus dem Arbeitgeberverband Chemie auszutreten.[46] Da 1951 beschlossen wurde, für das Land Hessen einen eigenen Arbeitgeberverband Papier zu gründen, verließen auch die Unternehmen der Papier-, Pappen-, Zellstoff- und Holzindustrie den Arbeitgeberverband. Der von diesen Unternehmen neugegründete Arbeitgeberverband sollte jedoch weiterhin die Geschäftsführung von HessenChemie behalten.[47]

Abgesehen von diesem „Dämpfer“ während des Aufbaus des Arbeitgeberverbandes wurde in den Anfangsjahren vom November 1947 bis Ende 1949 nicht nur die gesamte Infrastruktur für den Verband aufgebaut, sondern es wurden in sehr kurzer Zeit auch die Grundlagen für die künftige Organisation des Verbandes gelegt. Ein Großteil der Unternehmen der Branche konnte – aufbauend auf der Arbeit der Sozialrechtlichen Fachgemeinschaft – für den Eintritt in den Arbeitgeberverband gewonnen werden; die Organe wurden mit Ehrenamtlichen besetzt, von denen einige noch über die nächsten Jahrzehnte dem Verband treu bleiben sollten. Die hauptamtlich tätige Geschäftsführung baute das operative Geschäft des Verbandes auf. Reformen der Verbandsorganisation nach den ersten eineinhalb Jahren resultierten zudem in einer Überarbeitung der Satzung, die in dieser Form rund ein Vierteljahrhundert lang unverändert bestehen sollte. Mit dieser Struktur war der Arbeitgeberverband HessenChemie bereit für die auf ihn zukommenden Tarifverhandlungen sowie die Erschließung und Entwicklung weiterer Arbeitsgebiete.

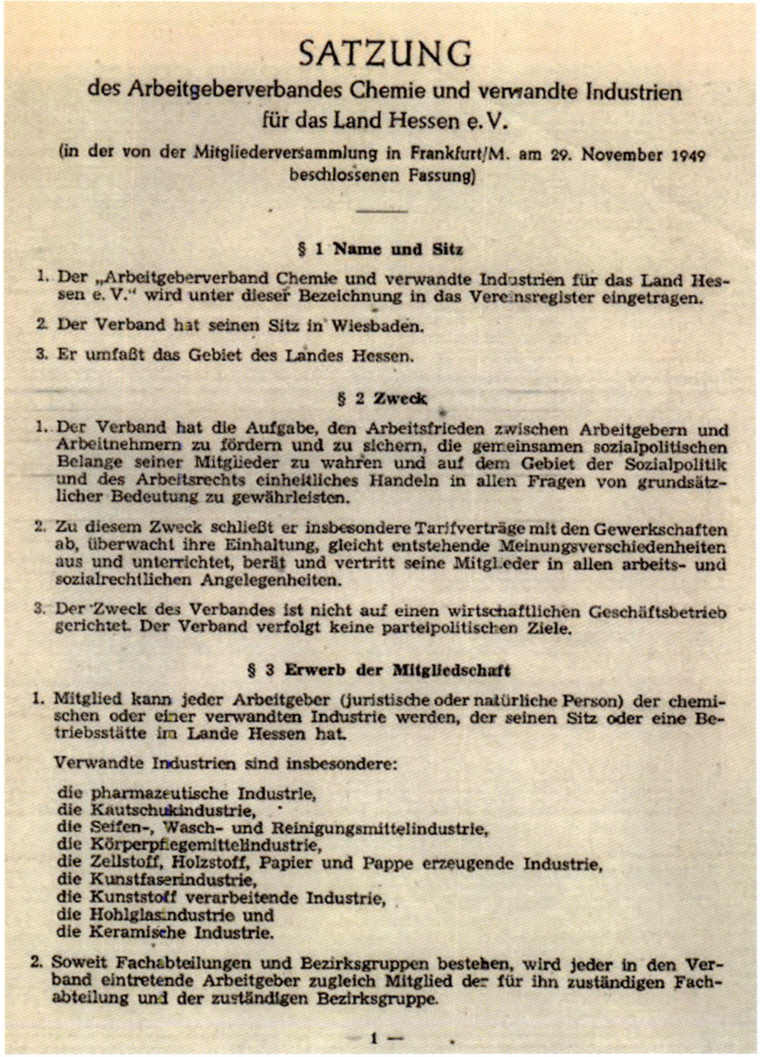

SATZUNG

des Arbeitgeberverbandes Chemie und verwandte Industrien für das Land Hessen e.V.

(in der von der Mitgliederversammlung in Frankfurt/M. am 29. November 1949 beschlossenen Fassung)

§ 1 Name und Sitz

1. Der „Arbeitgeberverband Chemie und verwandte Industrien für das Land Hessen e. V.“ wird unter dieser Bezeichnung in das Vereinsregister eingetragen.
2. Der Verband hat seinen Sitz in Wiesbaden.
3. Er umfaßt das Gebiet des Landes Hessen.

§ 2 Zweck

1. Der Verband hat die Aufgabe, den Arbeitsfrieden zwischen Arbeitgebern und Arbeitnehmern zu fördern und zu sichern, die gemeinsamen sozialpolitischen Belange seiner Mitglieder zu wahren und auf dem Gebiet der Sozialpolitik und des Arbeitsrechts einheitliches Handeln in allen Fragen von grundsätzlicher Bedeutung zu gewährleisten.
2. Zu diesem Zweck schließt er insbesondere Tarifverträge mit den Gewerkschaften ab, überwacht ihre Einhaltung, gleicht entstehende Meinungsverschiedenheiten aus und unterrichtet, berät und vertritt seine Mitglieder in allen arbeits- und sozialrechtlichen Angelegenheiten.
3. Der Zweck des Verbandes ist nicht auf einen wirtschaftlichen Geschäftsbetrieb gerichtet. Der Verband verfolgt keine parteipolitischen Ziele.

§ 3 Erwerb der Mitgliedschaft

1. Mitglied kann jeder Arbeitgeber (juristische oder natürliche Person) der chemischen oder einer verwandten Industrie werden, der seinen Sitz oder eine Betriebsstätte im Lande Hessen hat.

   Verwandte Industrien sind insbesondere:

   die pharmazeutische Industrie,
   die Kautschukindustrie,
   die Seifen-, Wasch- und Reinigungsmittelindustrie,
   die Körperpflegemittelindustrie,
   die Zellstoff, Holzstoff, Papier und Pappe erzeugende Industrie,
   die Kunstfaserindustrie,
   die Kunststoff verarbeitende Industrie,
   die Hohlglasindustrie und
   die Keramische Industrie.
2. Soweit Fachabteilungen und Bezirksgruppen bestehen, wird jeder in den Verband eintretende Arbeitgeber zugleich Mitglied der für ihn zuständigen Fachabteilung und der zuständigen Bezirksgruppe.

— 1 —

Erste Seite der Satzung des Arbeitgeberverbandes HessenChemie vom 29. November 1949.

Arzneimittel-Spende
für Berlin
Fw. Hö.
605819
1
Arzneimittel-Spende
für Berlin
Fw. Hö.
605819
28
Arzneimittel-Spende
für Berlin
Fw. Hö.
605819
30
HOECHST
1863

2 ARBEITGEBERPOLITIK IM „SPANNUNGSFELD ZWISCHEN OST UND WEST“

Nach der bedingungslosen Kapitulation der deutschen Wehrmacht am 8. Mai 1945 teilten die Siegermächte USA, Großbritannien, Frankreich und die Sowjetunion Deutschland in vier Besatzungszonen auf. Teil der amerikanischen Zone war das am 19. September 1945 gegründete Bundesland Hessen (zunächst Groß-Hessen). Vom 1. Januar 1947 an gehörte Hessen zur sogenannten Bizone, dem Vereinigten Wirtschaftsgebiet der amerikanischen und britischen Zone, die den Rahmen für erste Versuche zum Aufbau der westdeutschen Wirtschaft bildete.[1] Die Bizone war Teil weitgefasster ökonomischer Überlegungen der USA für Deutschland und das Europa der Nachkriegszeit. Sie zielten auf eine funktionierende Marktwirtschaft, zu der auch die Integration aller Akteure der Wirtschaft gehörte. In diesem Zusammenhang ist die im vorherigen Kapitel geschilderte Gründung des Arbeitgeberverbandes HessenChemie im November 1947 zu sehen, dem die bereits zuvor gegründete Gewerkschaft IG Chemie-Papier-Keramik (IG Chemie) in Hessen gegenüberstand.[2] Bis eine reguläre Tarifpolitik wieder möglich war, sollte jedoch noch einige Zeit vergehen. Denn die Besatzungsmächte hatten zunächst den Lohnstopp aus der NS-Zeit für weiterhin gültig erklärt.[3] Seit September 1946 gab es schließlich die Möglichkeit, besonders gravierende Lohnmissstände zu korrigieren,[4] von April 1948 an waren bis zu 15 Prozent Lohnerhöhung für bestimmte Industrien möglich.[5] Die hierdurch motivierten Verhandlungen zwischen HessenChemie und der IG Chemie führten zum Tarifvertrag vom 25. August 1948.[6]

Eine wichtige Voraussetzung für den Wiederaufbau der deutschen Wirtschaft war die Währungsreform, die von den Ameri-

← *Verladung von Arzneimitteln der Farbwerke Hoechst zur Versendung per Luftbrücke in das blockierte West-Berlin, August 1948.*

Klebstoffabfüllung bei der Degussa in Hanau-Wolfgang, 1952.

kanern vorbereitet und am 20. Juni 1948 in der Trizone, also dem Zusammenschluss der US-amerikanischen, britischen und französischen Besatzungszonen durchgeführt wurde.[7] Fast gleichzeitig wurde ein Großteil der Preise wieder freigegeben, die in der Folge stark anstiegen.[8] Die Preissteigerungen sorgten unter den Arbeitern für Unmut und führten zu großen Protesten, die schließlich am 12. November 1948 in der Bizone in den einzigen Generalstreik in der Geschichte der Bundesrepublik mündeten. Eine bedeutende Mehrheit der zwölf Millionen Werktätigen legte die Arbeit für einen Tag nieder.[9] Der Arbeitgeberverband konnte auf diese angespannte Situation seit November 1948 jedoch zunehmend flexibel reagieren: Von großer Bedeutung für HessenChemie war die per Gesetz vom 3. November 1948 festgesetzte Aufhebung des Lohnstopps, auf deren Grundlage reguläre Tarifverhandlungen wieder möglich waren.[10] Daraufhin begannen im Frühjahr 1949 Verhandlungen zwischen HessenChemie und der IG Chemie um Lohnerhöhungen. Am 20. April 1949 kam es nach elfstündigen Verhandlungen zu einem Ergebnis: Rückwirkend ab dem 1. April war eine Erhöhung von zehn Prozent für die alten Tariflöhne und -gehälter vereinbart worden.[11]

Zeitgleich zu diesen ersten Lohnverhandlungen nach der Aufhebung des Lohnstopps wurden die Rahmenbedingungen für Tarifverhandlungen durch das Tarifvertragsgesetz vom 9. April 1949 rechtlich fixiert. In Artikel 9, Absatz 3 des am 23. Mai 1949 verkündeten Grundgesetzes wurde zudem die

↑ *Gießen von Silberbarren bei der Degussa, 1956.*

Koalitionsfreiheit verankert. Für Hessen-Chemie bedeutete das eine erhebliche Erweiterung des Handlungsspielraums. Die ökonomische Situation der Branche jedoch war weiterhin überwiegend schlecht.[12] In der pharmazeutischen Industrie war die Lage so dramatisch, dass der Tarifvertrag vom April 1949 Ausnahmen für diese vorsah.[13]

In dieser Situation stellte das US-amerikanische European Recovery Program (ERP) – seit der Verkündigung durch den amerikanischen Außenminister George C. Marshall am 5. Juni 1947 auch Marshallplan genannt – einen Lichtblick dar. Der Marshallplan versprach für ganz Europa nicht nur eine dringend benötigte Zufuhr von Kapital und Rohstoffen, sondern ebenfalls die Integration Deutschlands in die westeuropäische Wirtschaft, die für die chemische Industrie aufgrund ihrer starken Exportorientierung von besonders großer Bedeutung war.[14] Mit dem Transfer von US-amerikanischem Kapital, letztlich waren es insgesamt 1,4 Milliarden DM für die Bundesrepublik,[15] fanden auch wirtschaftspolitische Vorstellungen ihren Weg über den Atlantik, die im Anschluss von vielen

Einweihung des mit Mitteln aus dem Marshallplan finanzierten Penicillin-Betriebs im Hoechster Werk durch den amerikanischen Hochkommissar John McCloy, 1950.

Arbeitgebern öffentlich vertreten wurden.[16] Diese Orientierung war auch deshalb relevant, weil nach 1945 die Ausrichtung der deutschen Wirtschaftsordnung keinesfalls entschieden war. Noch im Ahlener Programm der CDU der britischen Zone vom 3. Februar 1947 wurden Forderungen des „christlichen Sozialismus" vertreten, die etwa die „Vergesellschaftung der Bergwerke" vorsahen.[17] Auch Konrad Adenauer befand sich unter den Autoren des Ahlener Programms, das schließlich durch die „Düsseldorfer Leitsätze" vom 15. Juli 1949 abgelöst wurde, in denen sich die CDU zur Marktwirtschaft bekannte.[18]

Die Arbeitgeber der hessischen Chemie waren von den Sozialisierungsforderungen konkret betroffen, denn wäre es allein nach SPD und KPD gegangen, wäre im sogenannten Sozialisierungsartikel 41 der Hessischen Verfassung auch die chemische Industrie in die zu sozialisierenden Branchen aufgenommen worden.[19] Zwar konnte dies in Verhandlungen mit der CDU verhindert werden, gleichwohl hatten die Arbeitgeber erfahren, welche Dimension die sozialistischen Forderungen in Hessen annehmen konnten. Vor diesem Hintergrund sind die Äußerungen des Vorsitzenden des HessenChemie-Vorstands, Edgar Jörg, auf der Mitgliederversammlung von 1950 zu verstehen, der als Bedingung für eine Erholung der wirtschaftlichen Situation den freien Außenhandel stark machte und anschließend die Verbindung zwischen diesem, der Privatwirtschaft und Investitionen verdeutlichte: „Wenn die privatwirtschaftlichen Verbindungen wieder spielen können, wenn auf beiden Seiten des Ozeans die Kaufleute alle Möglichkeiten reeller Handelsabkommen ausschöpfen können, dann werden wieder die so dringend benötigten Investitionen möglich."[20]

Der Zusammenhang der für Investitionen dringend benötigten Gelder aus den USA und einer Wirtschaft nach US-amerikanischen Vorstellungen war offensichtlich. Auch in diesem Sinne ist die Positionierung von HessenChemie als politischem Akteur zu deuten, dessen Wirkung über den Verband hinausreichte: So stellte der Geschäftsführer Losacker im April 1952 fest, dass „die Aufgabenstellung unseres Verbandes weitgehend eine politische sei, und dass es bei Beschlüssen [...] immer wieder darauf ankomme, im Spannungsfeld zwischen Ost und West einen geistigen Damm gegen den Osten zu errichten und ferner alles zu tun, um die Wahl im Jahre 1953 zu einem Erfolg unserer Wirtschafts- und Gesellschaftsordnung zu machen."[21] Und der Vorsitzende des Vorstands Adolf Todt (Kalle), der 1951 auf Edgar Jörg gefolgt war, rief auf der Mitgliederversammlung am 19. März 1953 dazu auf, „daß im Jahre der Wahl zum Bundestag alle Anstrengungen gemacht werden müßten, der sozialen Marktwirtschaft auch die Anerkennung der Massen zu sichern. Ihre Ablösung durch eine Befehlswirtschaft syndikalistischer Prägung würde die deutsche Arbeiterschaft, alle Gehaltsempfänger und alle wirtschaftlich Schwachen zu den Leidtragenden machen, deren Schicksal dann der Allmacht und Willkür des Staates anheimgegeben wäre."[22]

Zu diesem Zweck wurde Anfang der 1950er-Jahre von HessenChemie das Feld der „aktive[n] Öffentlichkeitsarbeit" als bedeutsames Tätigkeitsfeld identifiziert.[23] Die damit verbundenen Aufgaben waren aufgrund der in Westdeutschland damals noch nicht weit fortgeschrittenen Presse- und Öffentlichkeitsarbeit noch wenig entwickelt und bei Weitem noch nicht umfassend; auch existierte noch kein eigenständiger Etat.[24] Um von Erfahrungen aus den auf dem Gebiet der Öffentlichkeitsarbeit weiter entwickelten USA zu profitieren, versprach der Werbeleiter der Farbwerke Hoechst im Frühjahr 1952 vor seiner Fahrt nach Amerika, seine Beobachtungen der „public relations"- und „human relations-Arbeit" mit HessenChemie zu teilen.[25] Für HessenChemie war zu Anfang der 1950er-Jahre jedenfalls klar, dass eine „Einwirkung auf die Presse" wichtig sei,[26] gerade auch, weil der Gegenspieler des Arbeitgeberverbandes, der Deutsche Gewerkschaftsbund (DGB), eine starke Propaganda verfolgte.[27] Überdies hatte der Verband das Anliegen, Parteien mit wirt-

↑ *Arbeiterinnen von Röhm & Haas in Darmstadt befüllen Polymerisationskammern zur Herstellung von PLEXIGLAS®-Platten, 1952.*

schaftsliberaler, marktwirtschaftlicher Orientierung zu unterstützen. In den ersten Jahren fand der Arbeitgeberverband zweimal Wege der finanziellen Unterstützung der FDP.[28] 1954 jedoch wies der Vorstand einstimmig ein erneutes Unterstützungsgesuch der FDP mit Verweis auf die in der Satzung festgelegte Neutralität des Verbandes zurück.[29]

Die Spannungen „zwischen Ost und West" zeigten sich im Jahr 1950 auch im Bereich der Tarifpolitik. Am 18. Juli 1950 war zunächst ein Abkommen zustande gekommen, in welchem HessenChemie bei der Erhöhung des Frauenlohnes Zugeständnisse gemacht hatte.[30] Da das Abkommen aus Sicht der IG Chemie im bundesdeutschen Durchschnitt nicht gut abschnitt, erwartete der Vorstand von HessenChemie, dass die Gewerkschaft rasch mit neuen Forderungen auf den Arbeitgeberverband zukommen würde. Hier zeigte sich bereits die große Bedeutung, die dem Vergleich von Tarifabschlüssen mit denjenigen anderer Landesverbände zuteilwurde, und zwar nicht nur während der Tarifverhandlungen, sondern auch bei der nachträglichen Einordnung und Bewertung der Abschlüsse. Hinzu kam, dass sich im Sommer 1950 die Arbeitskämpfe in anderen Branchen auch auf die Arbeitsbeziehungen der chemischen Industrie auswirkten. So erhöhten der Bauarbeiterstreik mit Schwerpunkt Frankfurt am Main vom 28. August bis 9. September 1950 und der angedrohte Metallarbeiterstreik in Hessen im Spätsommer und Herbst 1950 den Druck auf die Mitglieder von HessenChemie.[31] Die Situation wurde durch politische Motive unter den Gewerkschaftsmitgliedern der IG Chemie verschärft: So stellte der Vorsitzende Jörg während einer Vorstandssitzung im August 1950 einen „Prozeß der politischen Radikalisierung der Gewerkschaften" fest, der zu Überlegungen zwinge, nicht mehr mit Kommissionen der Gewerkschaften zusammenzuarbeiten, die kommunistisch „durchsetzt" seien. Hinter den Forderungen stecke der Versuch der Gewerkschaft, das Mitbestimmungsrecht durchzusetzen. Auf dem Gründungskongress des Deutschen Gewerkschaftsbunds 1949 hatte dieser in seinen „Wirtschaftspolitischen Grundsätzen" weitgehende Forderungen nach betrieblicher Mitbestimmung, nach Unternehmensbestimmung und über-

Das Parlament der Arbeit beschließt die Gründung des Deutschen Gewerkschaftsbundes, 1949.

betrieblicher Mitbestimmung gestellt, die durch das Betriebsverfassungsgesetz von 1952 nur zu einem geringeren Teil eingelöst werden sollten. Der Spielraum des Arbeitgeberverbandes im Spätsommer 1950 war vor dem Hintergrund dieser politischen Forderungen jedenfalls gering, da der Vorstand von HessenChemie die Gewerkschaft nicht unter Druck setzen wollte, um wiederum deren Handlungsspielraum gegenüber den kommunistischen Gewerkschaftsteilen nicht zu verengen.[32] HessenChemie ging daher auf Forderungen der IG Chemie aus dem Spätsommer und Herbst 1950 ein, und man einigte sich am 28. Dezember 1950 auf eine einmalige Lohnzulage von 8 DM.[33]

Ein ähnliches Bild zeigten die Tarifverhandlungen im Frühjahr 1951. Den Forderungen der Chemie-Gewerkschaft entnahm HessenChemie „zweifellos das Bild einer sozialistischen Wirtschaftsordnung [...], die der Gewerkschaft sehr entscheidende Machtpositionen in der Wirtschaft einräumen soll[e].“[34] Doch wenngleich sich in der Gewerkschaft Lohnerhöhungen mit Forderungen nach einer Veränderung der Wirtschaftsordnung verbanden, überwogen die gemäßigten Kräfte. Das zeigte sich auch, als in der hessischen Metallindustrie im August 1951 vier Wochen lang gestreikt wurde,[35] um nach der Darstellung von HessenChemie eine neue wirtschaftliche Ordnung herbeizuführen, die sich auf eine andere Verteilung des Eigentums gründen sollte. In der hessischen Chemieindustrie verhielt man sich zunächst abwartend, wie in einem Bericht über die Lohnlage für den Großen Ausschuss des Verbandes festgestellt wurde.[36]

Waren die Jahre zwischen 1947 und 1952 daher politisch sehr bewegte Jahre, beeinflussten im Anschluss politische Motive die Lohnverhandlungen immer seltener. Dies resultierte auch aus der zunehmend schwächeren Rolle der Kommunisten innerhalb der Gewerkschaften, weil potentielle Gefahren wie die Sozialisierung der chemischen Industrie nicht mehr drohten und mit der Erholung der Wirtschaft auch die soziale Marktwirtschaft in der westdeutschen Bevölkerung insgesamt an Akzeptanz gewann.[37] Die Positionierung von HessenChemie als Vorkämpfer der sozialen Marktwirtschaft verlor in der Rhetorik des Verbandes an Bedeutung, weil nicht länger überbetont werden musste, was für den Arbeitgeberverband als tragendes Moment seiner Existenz selbstverständlich war und von außen kaum mehr in Zweifel gezogen wurde. Nichtsdestotrotz wurde die gezielte Stärkung der sozialen Marktwirtschaft innerhalb und außerhalb des Verbandes später immer dann wieder explizit in das Programm von HessenChemie aufgenommen, wenn es notwendig schien.[38] Das zur Stärkung der Wirtschafts- und Gesellschaftsordnung etablierte Feld der Öffentlichkeitsarbeit wurde zur Säule der Identität von HessenChemie, wenngleich sie in den kommenden Jahren und Jahrzehnten einen anderen Charakter und unterschiedliche Zweckbestimmungen annehmen sollte.

Anläßlich der diesjährigen Jahresmitgliederversammlung des Arbeitgeberverbandes Chemie und verwandte Industrien für das Land Hessen am 30. März 1955 in Wiesbaden, Kurhaus, findet um 17 Uhr im Großen Kurhaussaal eine

KUNDGEBUNG

gemeinsam mit dem Arbeitgeberverband der hessischen Metallindustrie statt.

Es sprechen:

Herr Bundeswirtschaftsminister

Professor Dr. Erhard

und

Herr Präsident der Bundesvereinigung der Deutschen Arbeitgeberverbände

Dr. Paulssen

Wir beehren uns, Sie zu dieser Kundgebung ergebenst einzuladen.

ARBEITGEBERVERBAND CHEMIE UND VERWANDTE INDUSTRIEN FÜR DAS LAND HESSEN E.V.

Todt — VORSITZENDER

Gerboth — GESCHÄFTSFÜHRER

Wir bitten Sie auf der anliegenden Antwortkarte um gefl. Mitteilung, ob Sie an der Veranstaltung teilnehmen werden.

↑ *Einladung zur Jahresmitgliederversammlung von HessenChemie und der Kundgebung Ludwig Erhards am 30. März 1955.*

HESSENCHEMIE UND SEINE MITGLIEDER IM ZEITVERLAUF

Gründungsmitglieder

Vertreter von insgesamt 51 Unternehmen gründeten am 28. November 1947 in einer Versammlung den „Arbeitgeberverband Chemie und verwandte Industrien für das Land Hessen e. V." Einige dieser Mitglieder sind auch heute noch bedeutender Teil der hessischen und deutschen Industrie, darunter die Unternehmen B. Braun, Continental, Evonik (vormals Degussa), Fresenius, G. E. Habich's Söhne, Merck, Merz und Röhm. Auch viele der Nachfolgeunternehmen der aufgelösten Hoechst AG, die selbst unter den Gründungsmitgliedern war, sind bis zum heutigen Tag im Arbeitgeberverband HessenChemie organisiert.

Entwicklung der Mitglieder- und Beschäftigtenzahlen seit 1948.[1]

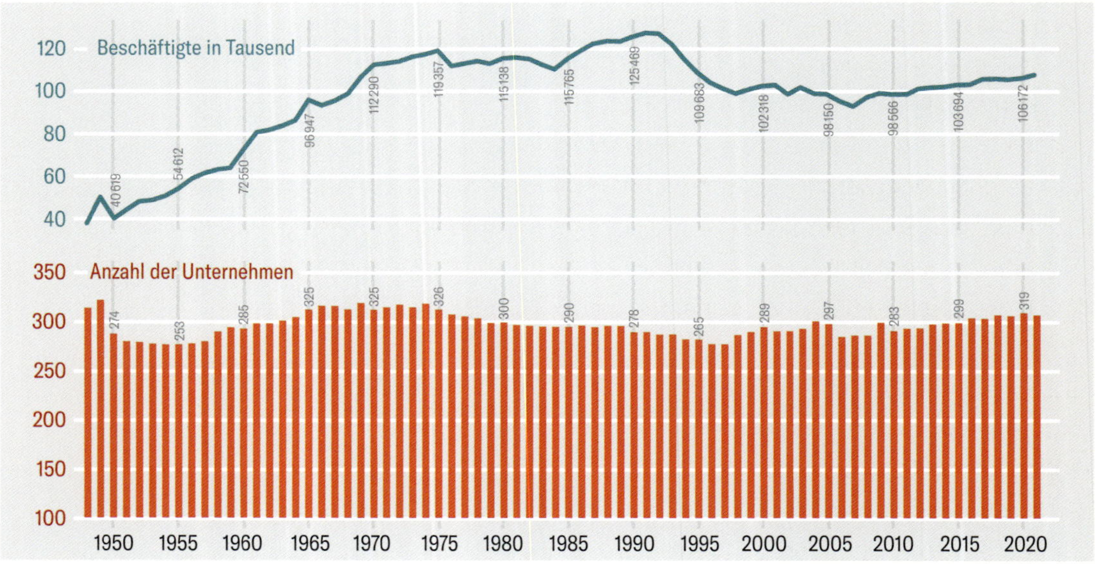

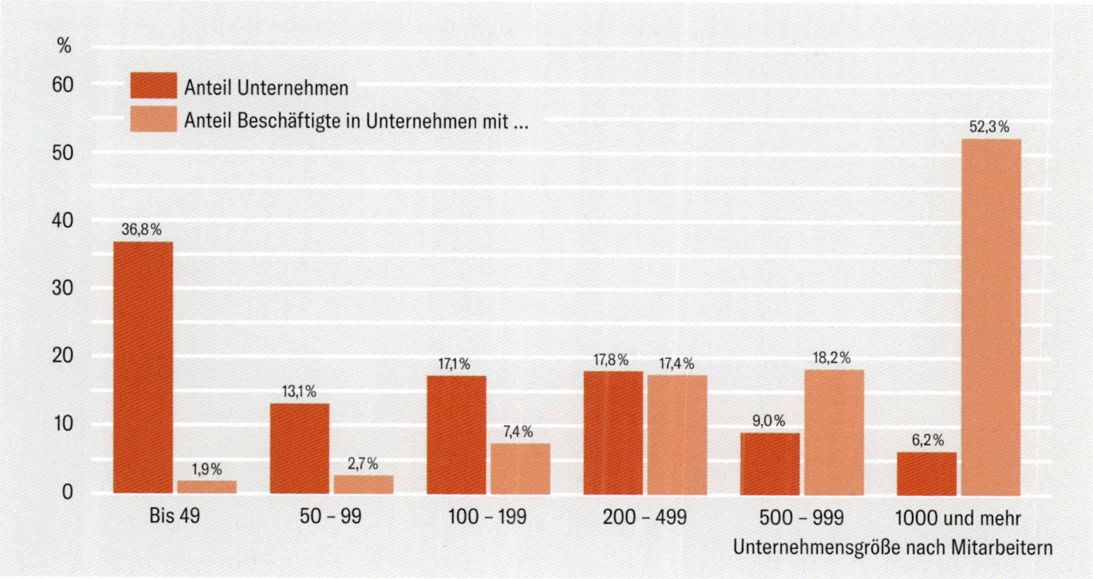

Struktur der Mitgliedsunternehmen von HessenChemie, 2021.

Die Entwicklung der Mitglieder seit der Gründung von HessenChemie

Kurze Zeit nach der Gründung des Arbeitgeberverbandes HessenChemie im Jahr 1947 traten die Firmen der Papier- und Pappenindustrie ebenso aus wie einige Unternehmen der Kautschukindustrie, um eigene Arbeitgeberverbände zu gründen. Dies erklärt den starken Rückgang der Mitgliedsunternehmen in den Jahren 1949/1950. In den Folgejahren stieg die Zahl der Mitgliedsunternehmen wieder an und erreichte 1969 den Höhepunkt mit 339 Mitgliedern. Die meisten Beschäftigten in hessischen Mitgliedsunternehmen wurden im Jahr 1991 mit knapp 128 000 gezählt. In den 1990er-Jahren lässt sich dann ein Rückgang der Mitgliedsunternehmen wie auch der Beschäftigten erkennen. Von 2007 an jedoch ging der Trend stetig nach oben: Im Jubiläumsjahr 2022 sind 316 Unternehmen Mitglied bei HessenChemie, in denen 108 000 Mitarbeiter und Mitarbeiterinnen beschäftigt sind.

Mitgliederstruktur heute

Der Arbeitgeberverband HessenChemie bildet seit jeher die mittelständisch geprägte Unternehmenslandschaft der Branche in Hessen ab und vereint daher unterschiedlich große Unternehmen aller relevanten Sparten, die in verschiedenen Regionen des Bundeslandes ansässig sind. Bei der tarifpolitischen Vertretung wird HessenChemie besonders dadurch herausgefordert, dass die Interessen von kleinen, mittleren und großen Unternehmen berücksichtigt werden müssen.

3 DIE 1950ER-JAHRE: WACHSTUMSJAHRE FÜR WIRTSCHAFT UND VERBAND

Die deutsche Wirtschaft erlebte seit den 1950er-Jahren einen enormen Aufschwung, der gemeinhin als „Wirtschaftswunder" bezeichnet wird. Wie wirtschaftshistorische Untersuchungen gezeigt haben, war dieser Aufschwung jedoch nicht so wundersam und einzigartig, wie der Begriff suggeriert. Zum einen befand sich die deutsche Industrie nach dem Zweiten Weltkrieg auf einem niedrigen Ausgangsniveau, das die rasante Entwicklung der Nachkriegsjahrzehnte begünstigte. Zum anderen war dieser sogenannte Nachkriegsboom auch in einer Vielzahl westeuropäischer Staaten zu beobachten und erhielt dort jeweils einen eigenen Begriff, wie etwa in Frankreich „Les Trente Glorieuses" (die dreißig Glorreichen [Jahre, JS]) oder das italienische „Il miracolo economico italiano" (das italienische Wirtschaftswunder).[1] Die Zahlen sprechen trotz dieser Relativierungen für sich: So betrug die durchschnittliche jährliche Wachstumsrate der bundesdeutschen Wirtschaft zwischen 1948 und 1960 9,3 Prozent. Als eine der Wachstumsindustrien der Nachkriegszeit lagen die Wachstumsraten der chemischen Industrie dabei häufig über dem Durchschnitt der allgemeinen Industrieproduktion.[2]

In Hessen stieg der Produktionsindex für die gesamte Industrie und das Bauhauptgewerbe von 100 im Jahr 1950 auf 293 im November 1959, verdreifachte sich also beinahe.[3] Die Mitgliedsfirmen von HessenChemie trugen ihren Teil zu diesem Wachstum bei und tätigten neue Investitionen, wie beispielsweise die Chemischen Werke H. & E. Albert in Wiesbaden-Biebrich. Dort wurden in den zehn Jahren seit der Währungsreform 1948 mehr als 32 Millionen DM zugunsten neuer Betriebsteile für organische Zwischenprodukte, für Düngemittel und Schwefelsäure sowie neue Laboratorien verwendet.[4] Die Chemischen Werke Albert waren später, im Jahr 1964, eines der ersten Unternehmen, die von

← *Werbung für die Verwendung von Hoechst-Kunstfasern in der Mode, 1955.*

Werksbrücke von Hoechst zum Anschluss der Südseite des Mains an das Werk, 1959.

Hoechst übernommen wurden. Die Farbwerke Hoechst AG vorm. Meister Lucius & Brüning waren nach dem Ende der Entflechtung der I. G. Farben im Jahr 1951 als eigenständiges Unternehmen neu gegründet worden und sollten künftig nicht nur für die hessische Chemieindustrie, sondern auch für HessenChemie eine bedeutende Rolle spielen. Auch hier wurde kräftig investiert: Das Investitionsprogramm für die Jahre 1954 bis 1956 belief sich auf eine Höhe von insgesamt 770 Millionen DM. Der Plan, nach dem Ende des Programms einen Umsatz von rund 1,7 Milliarden DM zu erzielen, ging auf; die Zielsumme wurde im Jahr 1957 leicht übertroffen.[5] Die insgesamt sehr gute wirtschaftliche Entwicklung der Mitgliedsunternehmen von HessenChemie in den 1950er-Jahren zeigte sich auch in den erhobenen Mitgliedsbeiträgen des Arbeitgeberverbandes, die im Jahr 1959 insgesamt rund 513 000 DM betrugen.[6]

Für den Arbeitsmarkt bedeutete die wirtschaftliche Entwicklung, dass dieser innerhalb kürzester Zeit wie leergefegt war – ein Zustand, der in einem Sozialbericht von HessenChemie aus dem Jahr 1956 als paradox beschrieben wurde, da er gleichsam „wünschenswert […] wie gefahrvoll" sei.[7] Denn die Gewerkschaften erhielten hierdurch eine starke Verhandlungsposition, mit der sich der Arbeitgeberverband schon kurz nach seinem Aufbau konfrontiert sah.[8] Um möglichen Streiks nicht hilflos ausgeliefert zu sein, hatte der Große Ausschuss bereits im März 1951 entschieden, dass ein „Fonds zur Abwehr von Arbeitskämpfen" gebildet werden solle, der schließlich den positiv gewendeten Namen „Fonds zur Sicherung des Arbeitsfriedens" erhielt.[9] Die Mittel des Fonds sollten „dazu verwendet werden, die Verbandsmitglieder in die Lage zu versetzen, Arbeitsstreitigkeiten durchzuführen, deren Austragung im Interesse des in dem Verband zusammengeschlossenen Berufsstandes liegt."[10] Zur Verwaltung des Fonds wählte die Mitgliederversammlung ein Kuratorium aus Mitgliedern des Vorstands, des Großen Ausschusses und der Geschäftsführung.[11] Der Verband ging hier sehr umsichtig vor, da er darauf bedacht war, Kleinstbetriebe, bei denen ein Streikrisiko minimal war und die daher auch keine Beiträge zu einer Streikkasse zahlen wollten, nicht zu

Gründung der „Farbwerke Hoechst AG vormals Meister Lucius & Brüning" auf Veranlassung der Alliierten und der Bundesregierung, 1951.

verärgern.[12] Nur wenig später, im Jahr 1952, wurde mit der Gefahrengemeinschaft des Arbeitsrings ebenfalls ein Modell einer Streikentschädigungsgemeinschaft der chemischen Industrie auf bundesdeutscher Ebene realisiert.[13]

Die Tarifpolitik von HessenChemie wurde zu Beginn der 1950er-Jahre wesentlich durch den Großen Ausschuss bestimmt. Da man jedoch in den Verhandlungssituationen flexibel bleiben wollte, wurde im September 1954 der Tarifkommission, also dem Vertretergremium von HessenChemie in den Tarifverhandlungen, eine größere Kompetenz und Unabhängigkeit eingeräumt.[14] Die Spielräume der Tarifkommission waren in den 1950er-Jahren nicht allzu groß. Denn schon in der Tarifrunde im Jahr 1950 hatte sich offenbart, dass die Tarifverhandlungen durch Entwicklungen in anderen Industrien innerhalb Hessens und durch Tarifabschlüsse von Arbeitgeberverbänden der chemischen Industrie in anderen Bundesländern beeinflusst wurden. Der Zeitpunkt der Tarifverhandlungen bestimmte daher die Bedingungen für die Verhandlungen häufig von vorneherein und verengte die Möglichkeiten für die Arbeitgeber teils stark. So räumten die Arbeitgeber von HessenChemie schon nach den ersten Verhandlungsrunden der Nachkriegsjahre im Jahr 1952 ein, dass sie immer dann von ihrer geplanten Strategie abweichen

Das letzte Pferdefuhrwerk von Röhm & Haas im Darmstädter Werk, 1958.

müssten, wenn Ergebnisse anderer Industrien und Landesverbände der chemischen Industrie dies nahelegen würden.[15] Für HessenChemie lag die Herausforderung daher darin, eine tarifpolitische Strategie zu entwickeln und diese durchzuhalten.[16] Eine weitere Herausforderung bestand für den Arbeitgeberverband darin, die vereinbarten Tariflöhne bei seinen Mitgliedern auch durchzusetzen. Nicht selten fanden nach den öffentlichen Lohnrunden innerbetriebliche Lohnrunden statt, die durchaus die Geltung der Tarifvereinbarung unterliefen, und auch den Einfluss der Gewerkschaft zugunsten früherer sozialpartnerschaftlicher Vereinbarungen zwischen Unternehmensleitung und Betriebsräten reduzierten. Teilweise lagen in manchen Unternehmen so die Effektivlöhne bis zu 60 Prozent über den Tariflöhnen.[17]

↑ *Arbeiterinnen bei Merck, 1957.*

Ohnehin brachten die bereits erwähnten, rasch steigenden Wachstumsraten der chemischen Industrie ständig neue Lohnforderungen, sodass es während der 1950er-Jahre beinahe jährlich zu Lohnverhandlungen und Tariferhöhungen kam. Zusätzlich waren die Vertreter der Gremien von HessenChemie am bundesweit abgeschlossenen Manteltarif beteiligt. An dessen Entwurf für die gewerblichen Arbeiter wurde unter Einbeziehung von HessenChemie bereits seit 1949 gearbeitet. Dem 1953 in Kraft getretenen Manteltarif für Arbeiter folgte am 1. Mai 1957 die Einführung des vom Vorstand von HessenChemie miterarbeiteten Manteltarifs für Angestellte. Nicht zuletzt wurde in Verhandlungen für die mittlerweile 55 Unternehmen zählende Fachabteilung kunststoffverarbeitende Industrie Hessen im Juni 1958 der überarbeitete Manteltarif gültig. Auch das Thema Frauenlohn, das für einige Bereiche der chemischen Industrie wie die Seifenindustrie aufgrund der hohen Frauenquote besonders wichtig war, erforderte zahlreiche Verhandlungsstunden. Anstelle eines individuellen Frauenlohns wurden im Manteltarif von 1953 sogenannte Leichtlohngruppen gebildet und überwiegend Frauen in diese eingruppiert, sodass sie weiterhin einen wesentlich geringeren Lohn im Vergleich zu ihren Kollegen erhielten.[18]

Mit dem Fortschreiten der 1950er-Jahre verschärfte sich der Ton der Verhandlungen zwischen HessenChemie und der IG Chemie-Papier-Keramik (IG Chemie) zunehmend, die in den ersten fünf Jahren vonseiten des Arbeitgeberverbandes zwar als schwierig, aber nicht „in persönlichen Hass und Feindschaft" ausartend bewertet wurden.[19] Das Jahr 1955 brachte dann eine deutliche Zäsur. Denn von der Gewerkschaft war eine „Änderung der gesamten Lohnpolitik" mit dem Ziel gefordert worden, „die bisherigen freiwilligen betrieblichen Sozialleistungen aller Art als solche abzubauen und sie tariflich zu verankern."[20] Die Arbeitgeber von HessenChemie versuchten seitdem vergeblich, sich für die Aufrechterhaltung einer flexiblen und individuellen Sozialpolitik einzusetzen. Viele der Sozialleistungen wurden in der chemischen Industrie nach und nach gesetzlich vorgeschrieben oder tariflich fixiert, wie beispielsweise die Sonderzahlung in der Chemie im Jahr 1971. Auch in Bezug auf die seit 1955 geforderte Arbeitszeitverkürzung hätten die Arbeitgeber von HessenChemie individuelle Lösungen bevorzugt und „das ‚wann' und ‚wie' der Einführung"[21] selbst bestimmen wollen. Doch das von HessenChemie propagierte Beispiel des Unternehmens Hoechst, das 1955 ohne gesetzlichen und tariflichen Zwang statt der 48-Stunden-Woche die 45-Stunden-Woche einführte,[22] blieb ein Einzelfall, da 1957 in der chemischen Industrie bundesweit die Verkürzung der Arbeitszeit auf wöchentlich 45 Stunden festgelegt wurde.[23]

Die zunehmende gesetzliche Regelung der Sozialpolitik unter der von Konrad Adenauer geführten Bundesregierung war ein Kennzeichen der 1950er-Jahre, das für HessenChemie in Bezug auf seine Identität von großer Bedeutung war. So hieß es im Geschäftsbericht des Jahres 1954: „Mit dem Betriebsverfassungsgesetz und der Selbstverwaltung in der Sozialversicherung sind sozialpolitische Entwicklungstendenzen aufgezeigt, die erkennen lassen, dass sich der Arbeitgeberverband als sozialpolitische Organisation unbedingt aktivieren muss, wenn er einen Beitrag zu einer konstruktiven Sozialpolitik leisten will." Und weiter stelle „sich immer klarer heraus, dass der Arbeitgeberverband alter Schule tot" sei und sich „der Akzent der Arbeit der Arbeitgeberverbände allmählich" verlagere.[24] HessenChemie ging es auch darum, sich auf dem eigenen Kompetenzfeld zu behaupten, hatten sich doch viele Organisationen in Reaktion auf die gesetzliche Sozialpolitik gegründet.[25] Für HessenChemie beschloss der Große Ausschuss daher, dass „behutsam nach dem Gesetz der Reihenfolge und der Möglichkeit der Bewältigung durch unseren personell kleinen Apparat" die Verbandstätigkeit auszuweiten sei. Dazu sollte ein Angebot von Kursen, Lehrgängen und Unternehmergesprächen geschaffen werden; jedoch stellte sich rasch heraus, dass der Arbeitgeberverband dafür keine personellen und finanziellen Möglichkeiten hatte. Die Kapazitäten des Verbandes erschöpften sich zum einen in den fast jährlich stattfindenden und zeitintensiven Tarifverhandlungen und in der aufwendigen Arbeit an den verschiedenen Manteltarifverträgen.[26] So wurden beispielsweise im Jahr 1953 zwölf bundesweite Arbeitstreffen zum Manteltarifvertrag für die gewerblichen Arbeitnehmer in der chemischen Industrie abgehalten, an denen HessenChemie-Vertreter teilnahmen. Zu diesen kamen vier weitere Treffen des Großen Ausschusses sowie sechs des Vorstands von HessenChemie.[27]

Zum anderen waren es die zahlreichen Gesetze auf dem Gebiet der Sozialpolitik selbst, die den Arbeitgeberverband herausforderten, unter anderem das Kündigungsschutzgesetz von 1951 und schließlich die Rentenreform von 1957, die den Rentnerhaushalten zwischen 1955 und 1960 den höchsten Einkommenszuwachs unter allen Einkommenskategorien bescherte.[28] Für HessenChemie bedeuteten diese Gesetze eine erhöhte Beratungsnachfrage durch die Mitgliedsunternehmen. Auch nahm die Zahl der vom Verband für seine Mitglieder geführten Arbeitsgerichtsprozesse nicht nur zu, diese gestalteten sich darüber hinaus auch schwieriger und langwieriger.[29] Die Geschäftsstelle sah sich demnach in den 1950er-Jahren mit einer steigenden Arbeitsbelastung konfrontiert, zumal sie sich noch weiterhin dem „Tagesgeschäft" widmen musste, wozu das Beantworten von Anfragen mit diversen Inhalten ebenso gehörte wie die Entwürfe und Überprüfungen von Arbeitsordnungen, das Abfassen und Versenden von Informationsblättern über sozialpolitische Neuigkeiten und Rechtsprechung sowie die Kommunikation über Sonderrundschreiben an die Mitglieder. Darüber hinaus organisierte der Arbeitgeberverband – teils mithilfe der Bezirksgruppen – auch Zusammenkünfte in kleinerem Rahmen, wie Arbeitskreise zur Leistungslohnsteigerung und Produktivi-

Der Glasurenbetrieb der Degussa in Frankfurt am Main, 1957.

tät sowie Personal- und Sozialleiterbesprechungen, die laut Aussage von HessenChemie gut angenommen wurden.[30] Diese auf die Bedürfnisse der Firmenmitglieder zugeschnittenen Angebote waren Ausdruck des Selbstverständnisses als Dienstleister, der hinter seinen Mitgliedern zurücktritt. So äußerte Geschäftsführer Werner Gerboth zum zehnjährigen Jubiläum: „Wir wollen das 10-jährige Jubiläum unseres Verbands nicht zum Anlaß einer besonderen Feier nehmen; das entspräche nicht dem Stil unserer Verbandsarbeit, wie wir ihn zu prägen uns bemühen."[31]

Zur Verbandsarbeit gehörte die intensive Zusammenarbeit mit anderen Arbeitgeberverbänden, vor allem mit dem Arbeitsring Chemie. Auch die Öffentlichkeitsarbeit blieb für HessenChemie bedeutend, wobei in den 1950er-Jahren keine wesentlichen Impulse auf diesem Feld zu vermerken sind. Die vom Verband zur Beeinflussung der Arbeitnehmer empfohlene und finanzierte Werkszeitschrift „Werk und Leben" aus dem Heidelberger Werkschriftenverlag stellte für HessenChemie im Wesentlichen das Hauptinstrument der Kommunikation zwischen Arbeitgebern und Arbeitern dar.[32] Bereits 1953 wurde der Zeitschrift die Wirkung zugesprochen, ihren Lesern eine höhere Immunität gegen gewerkschaftliche „Demagogie" zu verleihen.[33] Zur Ansprache der Arbeitgeber gab der Arbeitsring seit September 1957 auf Initiative von HessenChemie die „Blätter für Vorgesetzte" heraus, die seitdem auf Kosten des Verbandes an die Arbeitgeber verschickt wurden. Darüber hinaus war der Verband auch an der Herstellung des Films „Menschen im Werk" von 1957 beteiligt, der vom Arbeitsring produziert wurde.[34]

Die deutliche Vermehrung der Aufgaben in den 1950er-Jahren machte – nach Möglichkeit der vorhandenen finanziellen Ressourcen – die Einstellung weiteren Personals notwendig,[35] sodass zu Anfang der 1950er und dann wieder 1960 ein zweiter juristischer Mitarbeiter neben dem Geschäftsführer tätig wurde.[36] Bekannt ist zudem, dass Erhard Bouillon, späterer Arbeitsdirektor und Aufsichtsratsvorsitzender von Hoechst und Vorsitzender des Arbeitsrings von 1978 bis 1983 (seit 1982: BAVC), als juristischer Referent bei HessenChemie tätig war.[37] Auf den Führungspositionen hatte HessenChemie in den 1950er-Jahren jeweils nur eine Neubesetzung verzeichnet. Nachdem Ludwig Losacker 1954 Hauptgeschäftsführer beim Arbeitsring wurde, folgte ihm Werner Gerboth als Geschäftsführer, der diese Position bis zum Frühjahr 1972 bekleiden sollte. Nur wenig später, im April 1957, folgte Hermann Handrack (Merck) auf den Vorstandsvorsitzenden Adolf Todt und blieb für die folgenden 15 Jahre im Amt.[38] Die rasche Ausdehnung der Tätigkeiten und die Einstellung neuen Personals führten kurzzeitig zu einem Platzmangel, der zu Beginn der 1960er-Jahre zunächst mittelfristig durch die Hinzumietung einer weiteren Wohnung innerhalb des Hauses, in dem der Verband seine Räumlichkeiten hatte, gelöst werden konnte.[39]

Die 1950er-Jahre bedeuteten für HessenChemie eine deutliche Zunahme der anfallenden Arbeit auf den Gebieten der

Rechtsberatung sowie der allgemeinen sozialpolitischen Beratung, die durch die aktive gesetzgeberische Tätigkeit der Bundesregierung unter Konrad Adenauer hervorgerufen wurde. HessenChemie versuchte hier flexibel auf die jeweiligen Bedürfnisse seiner Mitglieder einzugehen. Auf dem Feld der tarifpolitischen Arbeit konnten unter Mitarbeit von HessenChemie alte Manteltarifverträge für Arbeiter sowie für Angestellte überarbeitet und neu gefasst werden. In den Tarifverhandlungen zeichnete sich bereits ab, wie sehr mitunter der Handlungsspielraum durch den Vergleich von Tarifverhandlungen und -abschlüssen mit anderen Branchen und anderen Landesverbänden eingeschränkt wurde. Das seit 1953 verfolgte Ziel des Arbeitgeberverbandes, sein Profil als sozialpolitischer Akteur zu schärfen, konnte aufgrund der bereits anderweitig voll ausgeschöpften Kapazitäten zunächst nicht weiterverfolgt werden.

↑ *Messestand der Degussa auf der IAA in Frankfurt am Main, 1957.*

Zugang
zwischen 6^{45} u. 7^{45}
Betrieb
Gegen politischen Schlichtungs-verrat die geschlossene Kampffront der Arbeiter-klasse!
Tore dicht Tore dicht! auch gegen Arbeits gericht

4 ARBEITSKAMPF MIT ALLEN MITTELN

Mit Beginn der 1960er-Jahre verlangsamte sich das Wirtschaftswachstum der Nachkriegszeit.[1] Auf den Arbeitsmarkt hatte das keine Auswirkungen. Er zeigte sich trotz der seit 1955 auch für Hessen angeworbenen „Gastarbeiter" weiterhin angespannt. 1960 wurde die Vollbeschäftigung erreicht.[2] Die Unternehmen reagierten darauf, indem sie sich untereinander Beschäftigte abwarben. Die Geschäftsstelle von HessenChemie versuchte hier zu intervenieren, indem sie seit Ende der 1950er-Jahre wiederholt an die Firmen appellierte, dies einzustellen.[3] Schließlich führte die Verlangsamung des Wirtschaftswachstums in die Rezession von 1966/1967, in der sich das Bruttoinlandsprodukt verringerte und die Arbeitslosigkeit von 0,7 Prozent im Jahr 1966 auf 2,1 Prozent im Jahr 1967 stieg.[4] Auch die hessische Chemieindustrie war von der Verlangsamung des Wirtschaftswachstums betroffen, erholte sich aber – wie die deutsche Wirtschaft insgesamt – ziemlich rasch. Schon 1968 zeigten die Umsatzzahlen der hessischen Chemie gegenüber 1967 einen um 14,9 Prozent erhöhten Nettoumsatz.[5] 1970 war dann nicht nur in der chemischen Industrie Hessens wieder der Zustand der Vollbeschäftigung erreicht. Auch bundesweit lag die Arbeitslosenquote in diesem Jahr wieder bei 0,7 Prozent.[6]

Vor diesem wirtschaftlichen Hintergrund fanden die Tarifverhandlungen mit der IG Chemie-Papier-Keramik (IG Chemie) in den 1960er-Jahren statt. Ein wiederkehrendes Merkmal dieser Gespräche war die Kritik des Vorstandsvorsitzenden Hermann Handrack und des Geschäftsführers Werner Gerboth daran, dass die Gewerkschaft ihrer mit der Tarifautonomie verbundenen Verantwortung gegenüber der Allgemeinheit nicht gerecht werde.[7] Der Gewerkschaft fehle ein umfassender volkswirtschaftlicher Blick auf die

← Schilder mit Protesten der Streikenden bei Merck, 1971.

„Gastarbeiter" bei Merck, 1965.

Tarifverhandlungen sowie das Verständnis für die Auswirkungen von Lohnerhöhungen auf Preise und ihre Implikationen für den Außenhandel, so die Vertreter von HessenChemie.[8] Nicht nur der hessische Chemie-Arbeitgeberverband betonte die Bedeutung der volkswirtschaftlichen Perspektive; zur Orientierung der Lohnpolitik an gesamtwirtschaftlichen Erfordernissen wurde von SPD-Bundeswirtschaftsminister Karl Schiller 1967 die sogenannte Konzertierte Aktion einberufen, ein gemeinsames Gesprächsforum von Vertretern wichtiger sozialer Gruppen, darunter Arbeitgeberverbände und Gewerkschaften.

Dabei war die Tarifpolitik von HessenChemie stark von den Erfahrungen des vorhergehenden Jahrzehnts geprägt. Die Abhängigkeit des Arbeitgeberverbandes HessenChemie von den Tarifverhandlungen anderer Landesverbände der chemischen Industrie und die seit Mitte der 1950er-Jahre erschwerten Verhandlungen zwischen HessenChemie und der IG Chemie führten zu einem einschneidenden Strategiewechsel seit 1959. Der Arbeitgeberverband versuchte nun den Spielraum in den Tarifverhandlungen deutlich zu erweitern. In diesem Zuge stellte Hermann Handrack zunächst auf der Mitgliederversammlung im Mai 1959 eine neue Qualität der Politik der Gewerkschaft fest, die von Einseitigkeit und Rücksichtslosigkeit geprägt sei. Handrack erinnerte daran, dass man den gewerkschaft-

Vollautomatische Abfüllmaschine für Tropflösungen bei Merck, 1968.

lichen Mitteln des Arbeitskampfes nicht wehrlos ausgeliefert sei. Stattdessen plädierte er für eine Sicht auf Streik und Aussperrung als Teil der Auseinandersetzungen zwischen Arbeitgebern und Beschäftigten.[9] Handrack zielte nicht darauf, den Einsatz dieser Kampfmittel herbeizuführen, sondern er wollte sich von den Zielen, die HessenChemie in der Tarifpolitik verfolgte, nicht aus Angst vor einem Streik abbringen lassen.

Zudem ging es dem Verband auch um eine grundlegende Änderung der tarifpolitischen Strategie durch die Koordinierung der regionalen Tarifbezirke. Bemerkenswerterweise hatten der Vorsitzende Adolf Todt und der Geschäftsführer Ludwig Losacker schon am 16. Januar 1952 den Antrag an den Beirat des Arbeitsrings gestellt, die Tarifpolitik der einzelnen Länder nach gemeinsam aufgestellten Richtlinien zu gestalten.[10] Es scheint, dass dieser Antrag im Arbeitsring keine größere Beachtung fand, denn aktuell wurden seine Inhalte auf Ebene des hessischen Landesverbands erst wieder, als im Juli 1959 der Große Ausschuss von HessenChemie dafür plädierte, den Arbeitsring verstärkt bei Verhandlungen auf Landesebene hinzuzuziehen, um Lohn- und Arbeitszeitverhandlungen miteinander zu koppeln. Daher wurde der Vorstand vom Großen Ausschuss ermächtigt, dem Arbeitsring für einen begrenzten Zeitraum die Vollmacht zur Führung der Verhandlungen über Arbeitszeit und Lohn zu erteilen.[11] Drei Jahre später wurde dieser Modus der Verhandlung auf alle Arbeitgeberverbände ausgeweitet und in Richtlinien für die tarifpolitische Koordinierung durch den Arbeitsring fixiert.[12] Schließlich wurde 1965 vorübergehend auch ein Teil der weiterhin von HessenChemie für sehr bedeutsam erklärten Öffentlichkeitsarbeit aufgrund der Gewerkschaftsforderung auf erweiterte Mitbestimmung vom Arbeitsring übernommen, wofür finanzielle Mittel an den Arbeitsring geleitet wurden.[13] Durch die vom Arbeitsring für seine Mitgliedsverbände übernommene Öffentlichkeitsarbeit konnte den Forderungen der Gewerkschaft auf Bundesebene besser begegnet werden.

Parallel dazu verhandelten 1962 die Verbände Nordrhein, Rheinland-Pfalz und Hessen, deren Mitgliedsunternehmen nahezu zwei Drittel aller Beschäftigten der deutschen chemischen Industrie in sich vereinten, über die gemeinsame Gründung einer Tarifgemeinschaft.[14] Auch wenn sich abzeichnete, dass die Tarifverhandlungen in Zukunft durch den Arbeitsring koordiniert werden würden, sprach sich HessenChemie für einen zusätzlichen Koordinierungszusammenschluss aus, um der IG Chemie im Fall des Scheiterns der Verhandlungen ein größeres Gewicht entgegensetzen zu können.[15] Der Verband versprach sich von der Koordinierung im Arbeitsring also nicht nur das Ende der zu großen Abhängigkeit der eigenen Tarifpolitik von den Ergebnissen anderer regionaler Tarifbezirke, sondern wollte mit der Tarifgemeinschaft auch ein enges Band zwischen den drei großen Tarifbezirken knüpfen, um in Tarifverhandlungen eine größere Verhandlungsmacht zu erlangen. Auf der konstituierenden Sitzung der Tarifgemeinschaft am 20. November

Automatische Steuerung der Produktion bei Merck, 1968.

1962 wurden zu den Mitgliedern des Tarifausschusses von hessischer Seite aus der Vorsitzende Hermann Handrack sowie die beiden Vorstandsmitglieder Otto Esser (Enka Glanzstoff, Werk Kelsterbach) und Friedrich Müller (Hoechst) gewählt. Die Geschäftsführung wurde von HessenChemie übernommen.[16] Die beiden Koordinierungszusammenschlüsse im Arbeitsring und der Tarifgemeinschaft wurden als erfolgreich bewertet; im November 1964 resümierte der Vorstand von HessenChemie unter dem Vorsitzenden Hermann Handrack zufrieden, dass „die Koordinierung gelungen sei, da sie von dem Vertrauen sämtlicher Landesverbände getragen" worden sei.[17]

Die Zusammenarbeit der drei Tarifbezirke in der Tarifgemeinschaft und die Koordinierung durch den Arbeitsring führten jedoch nicht zu einer verringerten Beteiligung von HessenChemie an der Tarifpolitik, zumal die Kompetenz der Verhandlung und des Abschlusses von Tarifverträgen grundsätzlich beim hessischen Arbeitgeberverband lag und in den kommenden Jahren und Jahrzehnten immer nur dann zentral verhandelt wurde, wenn es sich wegen eines Themas wie der Arbeitszeitverkürzung anbot.[18] Doch die Abstimmung mit den anderen Arbeitgeberverbänden erforderte viel Arbeit: Zum einen wurde der Meinungsbildungsprozess nun ausgedehnt durch die Tarifgemeinschaft auf die Abstimmung der drei größten Tarifbezirke untereinander sowie durch den Arbeitsring auf die Bundesebene der Arbeitgeberverbände der chemischen Industrie. Zum anderen erhöhten sich durch die Übernahme der Geschäftsführung der Tarifgemeinschaft seitens HessenChemie die Aufgaben beträchtlich. Deshalb wurde im Dezember 1963 beschlossen, einen weiteren juristischen Mitarbeiter einzustellen. Dieser Personalzuwachs war auch deshalb günstig, da die Zahl der Arbeitsgerichtsprozesse und die Anfragen der Mitgliedsfirmen weiter stark gestiegen waren:[19] Neue Themen wie die Vermögensbildung von Arbeitern, die Berufsausbildung oder Lohnfortzahlung im Krankheitsfall trieben die Beratungsanfragen an den Verband in die Höhe.[20]

Schließlich wurde Hermann Handracks Ansprache über den Arbeitskampf als gebräuchlicher Teil der Auseinandersetzung zwischen den Tarifparteien in gleich zwei Fällen Realität. Der erste Streik traf die Correcta-Werke in Bad Wildungen, die Willy Kaus, dem Mehrheitseigentümer der Metzeler AG Gummiwerke, gehörten.[21] Das Unternehmen Correcta war im Dezember 1967 dem Arbeitgeberverband HessenChemie beigetreten und aus dem Tarifabkommen der Gummiindustrie in das der kunststoffverarbeitenden Industrie gewechselt, in dem die Tariflöhne rund 25 Prozent niedriger lagen.[22] In den Tarifverhandlungen im Herbst 1968 forderte die IG Chemie vergeblich einen eigenen Unternehmenstarif für Correcta. Nachdem die Schlichtungsverhandlungen am 8. November 1968 gescheitert waren, wurde für den 18. November 1968 der Streik unter Führung der Gewerkschaft ausgerufen. Die große Mehrheit der Correcta-Beschäftigten folgte dem Aufruf.[23] In Absprache mit HessenChemie reagierte Willy Kaus mit Aussperrung.[24] Doch dann wich er ohne Rücksprache von der vom Verband vereinbarten Strategie ab und einigte sich in eigenmächtigen Verhandlungen mit Vertretern der IG Chemie auf Abschlüsse von rund sechs Prozent höheren Löhnen und Gehältern.[25] Als Folge dieses unabgestimmten Ausscherens aus der Solidargemeinschaft der Arbeitgeber änderte HessenChemie im März 1969 mehrere Satzungsparagrafen, um einer-

Lehrlinge bei Merck, 1968.

Streikende bei Merck, 1971.

Proteste der Degussa-Beschäftigt… 1971.

Kundgebung von Mitarbeitern der Cassella-Fa… erke in Höchst, 1971.

seits die Aufnahme von Mitgliedern zu erschweren und andererseits den Ausschluss von Mitgliedern zu erleichtern.[26]

Der Correcta-Streik war auch deshalb von besonderer Tragweite, weil es um die grundsätzliche Problematik der Frage der Aussperrung, also den vorübergehenden Ausschluss von Beschäftigten von der Arbeit, in Hessen ging, die nach Art. 29, Absatz 5 der Verfassung des Landes verboten ist. Schon seit Anfang 1966 hatte es, ausgelöst durch den hessischen Arbeitgeberverband der Metallindustrie, öffentliche und juristische Auseinandersetzungen um die Frage der Rechtmäßigkeit der Aussperrung gegeben, ohne dass es zu einer prinzipiellen Klärung gekommen wäre. HessenChemie ging davon aus, dass der Grundsatz „Bundesrecht bricht Landesrecht" gelte, da nach dem Grundgesetz ein generelles Aussperrungsverbot nicht mit der Tarifautonomie vereinbar sei.[27] Damit würde die Möglichkeit der Aussperrung grundsätzlich auch für Hessen bestehen. Insofern wurde das Verhalten von HessenChemie von der Öffentlichkeit auch als – vergeblicher – Versuch der Arbeitgeber interpretiert, eine grundsätzliche Lösung durch die Möglichkeit der Anrufung des Bundesverfassungsgerichts herbeizuführen.[28] Das Problem der Aussperrung war daher immer noch ungelöst, als es 1971 zum ersten und bisher einzigen branchenweiten Arbeitskampf in der Geschichte der chemischen Industrie in der Bundesrepublik kam.[29]

Dem Streik in der chemischen Industrie im Jahr 1971 war eine Tarifrunde vorangegangen, in der die IG Chemie im Jahr 1970 versucht hatte, für neun hessische Großunternehmen Haustarifverträge durchzusetzen und eine sogenannte „betriebsnahe Tarifpolitik" zu betreiben.[30] Das Motiv dahinter war, die teils großen Diskrepanzen zwischen den Tarif- und Effektivlöhnen zu schließen, also die Lücke zwischen tariflich ausgehandelten und den von Unternehmen gezahlten übertariflichen Löhnen.[31] Die Arbeitgeber wiesen das Vorhaben, mit einzelnen Firmen Verträge zu verhandeln, strikt zurück. So stellte der Große Ausschuss von HessenChemie im März 1970 fest: „Wichtigste Aufgabe des Arbeitgeberverbandes ist es, für die chemische Industrie Hessens einheitliche und für alle dem Arbeitgeberverband angehörenden Firmen in gleicher Weise verbindliche Tariflöhne und Tarifgehälter zu vereinbaren. Demnach ist es ausgeschlossen und würde einen Verstoß gegen den Verbandszweck bedeuten, wenn vom Verband oder gar von den einzelnen Mitgliedsfirmen Verhandlungen mit dem Ziel des Abschlusses von Firmentarifverträgen geführt werden." Der Vorsitzende Hermann Handrack betonte, dass, wenn man auf dieses Verlangen eingehe, die Einheit des Verbandes zerstört würde und die Firmen ohne Möglichkeit der Gegenwehr der Willkür gewerkschaftlicher Forderungen ausgesetzt wären.[32] Die im Mai 1970 durchgeführten Schlichtungsverhandlungen für die hessische Chemie-Tarifrunde scheiterten daher zwar, es kam aber dennoch am 19. Mai 1970 zum Abschluss eines Tarifvertrags, der eine Erhöhung von Löhnen und Gehältern um rund 16 Prozent brachte.

hessen chemie-aktuell — **tarifpolitik**

GEGANGEN
21. JUNI 1971
rwortet: ....

012 - 18. Juni 1971

Gewerkschaftliche Störaktionen in der hessischen Chemie gefährden Arbeitsplätze und Stabilität

Der hessische Arbeitgeberverband erklärt zu den von der Gewerkschaft ohne Urabstimmung inszenierten Störaktionen und Arbeitsniederlegungen, daß es einfach unverantwortlich sei, wie angesichts der augenblicklichen wirtschaftlichen Lage der hessischen Chemie Arbeitsplätze und Absatzchancen durch Produktionsstillegungen mutwillig gefährdet werden.

Trotz dieser Aktionen verfolgen die hessischen Chemieunternehmer unbeirrbar ihren Kurs, Arbeitsplätze zu erhalten und ihren Beitrag zur Sicherung der gesamtwirtschaftlichen Stabilität der Bundesrepublik zu leisten.

Um den Arbeitsfrieden wieder herzustellen, sind die Arbeitgeber nach wie vor jederzeit zu Verhandlungen über einen vernünftigen Tarifabschluß bereit.

Herausgegeben im Auftrag des Arbeitgeberverbandes Chemie und verwandte Industrien für das Land Hessen e. V. Wiesbaden von der Pressekontaktstelle des Verbandes:
Gerhard Wolf 69 Heidelberg Panoramastr. 77 Postfach 1241 Tel. 0[illegible]239 Telex 461 593
Abdruck kostenfrei · Belegexemplare erbeten

Pressemeldung von HessenChemie über „Störaktionen", 18. Juni 1971.

Diese aus Sicht von HessenChemie harte Verhandlungsrunde wurde durch eine besonders konfrontative Haltung des Arbeitsrings noch weiter erschwert. Schon im Herbst 1970 bereitete der Arbeitsring die Unternehmen auf kommende Arbeitskämpfe vor, in denen gegenseitige Unterstützung vonnöten sein würde. Nachdem im Februar 1971 die Tarifverträge für rund 400 000 Beschäftigte der chemischen Industrie in den Tarifbezirken Nordrhein, Hessen und Rheinland-Pfalz gekündigt worden waren, forderte die IG Chemie eine Lohnerhöhung von mindestens 120 DM für den hessischen Bezirk.[33] Die IG Chemie argumentierte auf Basis der hohen Produktivität und sehr günstigen Ertragssituation der chemischen Industrie – eine Auffassung, die jedoch von HessenChemie nicht geteilt wurde.[34] Zwar hätte sich die chemische Industrie in Hessen nach der Rezession 1966/67 rasch erholt und sehr gute Ergebnisse erzielt, doch wurde von den Arbeitgebern hervorgehoben, nach der starken Lohnerhöhung des Jahres 1970 eine weitere Lohnerhöhung nicht gut „verkraften" zu können. Zudem wurde in der internen Diskussion des Großen Ausschusses betont, man müsse der Ansicht des Präsidenten der Bundesvereinigung der Deutschen Arbeitgeberverbände (BDA) folgen, „wonach sich die Arbeitgeberverbände noch mehr zu Kampforganisationen entwickeln müßten".[35] Es ließ sich demnach im Großen Ausschuss des Verbandes eine neue, eskalationsbereite Haltung feststellen, die unter anderem zum Scheitern der Tarifverhandlungen sowie der Landesschlichtung in Hessen am 24. Mai 1971 führte.[36]

Während in Rheinland-Pfalz im Mai 1971 eine Einigung über eine Steigerung des Einkommens von umgerechnet 6,5 Prozent erzielt werden konnte, scheiterte die Landesschlichtung für Nordrhein. Als auch die Bundesschlichtung für Nordrhein am 2. Juni nicht zu einer Einigung führte, rief der Hauptvorstand der IG Chemie den aktiven tariflosen Zustand aus, der auch Auswirkungen auf Hessen hatte.[37] Bei Cassella in Frankfurt ließen am 2. Juni 1971 etwa 300 Belegschaftsmitglieder für eine Stunde die Arbeit ruhen, um Solidarität mit ihren Kollegen in Nordrhein-Westfalen auszudrücken.[38] Nach dem Scheitern der Bundesschlichtung in Hessen am 14. Juni 1971 folgte der Aufruf der IG Chemie zum aktiven tariflosen Zustand auch für Hessen, dem am nächsten Tag bereits mehrere Tausend Beschäftigte mit verschiedenen Aktionen folgten.[39] Am 18. Juni befanden sich rund 5700 Chemiebeschäftigte in Hessen im Streik, am 21. Juni meldete die Gewerkschaft in den Tarifbezirken Nordrhein und Hessen zusammen mehr als 30 000 Personen in Streikaktionen, ungefähr die Hälfte davon im unbefristeten Vollstreik.[40] Dem Aufruf kam jedoch die Belegschaft des größten hessischen Chemieunternehmens Hoechst aufgrund der dortigen sozialpartnerschaftlich eingestellten Betriebsräte zum überwiegenden Teil nicht nach.[41]

Schließlich einigten sich die Tarifparteien Anfang Juli 1971 unter Vermittlung des Präsidenten des Bundessozialgerichts, Georg Wannagat, auf eine Lohn- und Gehaltserhöhung von 7,8 Prozent, die stufenweise Einführung des 13. Monatsgehalts und 60 DM als Einmalzahlung.[42] Dass die Ergebnisse deutlich unter den Forderungen der IG Chemie lagen, ist unter anderem auf die innergewerkschaftlichen Konflikte zurückzuführen, ebenso wie auf das Ausscheren der gewerkschaftlichen Tarifkommission in Rheinland-Pfalz von der gemeinsamen Strategie der Gewerkschaft. Die Kosten des Streiks für die von HessenChemie repräsentierten Arbeitgeber beliefen sich auf knapp sechs Promille der Lohn- und Gehaltssumme. Der Arbeitgeberverband war aber davon überzeugt, „dass die Streikniederlage der Gewerkschaft diesen Preis wert war", da sie sich sowohl im Ergebnis der Schlichtungen gezeigt hätte wie vermutlich auch in künftigen Tarifforderungen noch ausdrücken würde.[43]

Zusammenfassend zeigte sich in den 1960er-Jahren, dass HessenChemie die Palette der Möglichkeiten der Tarifpolitik und die Mittel des Arbeitskampfes durch die Aussperrung strategisch erweiterte und damit Schlüsse aus den Erfahrungen der Tarifpolitik der 1950er-Jahre gezogen hatte. Ferner hatten die Chemie-Arbeitgeber in Hessen erkannt, dass ein koordiniertes Verhandeln der sinnvollste Weg war, um sich nicht von den Gewerkschaften gegeneinander ausspielen zu lassen. Die Tarifgemeinschaft zwischen den Bezirken Hessen, Rheinland-Pfalz und Nordrhein gewann dabei jedoch nicht die erwartete Bedeutung, da die Verhandlungen schließlich durch den Arbeitsring koordiniert wurden. Hierdurch schwand der Einfluss von HessenChemie auf die Tarifverhandlungen bzw. der Umfang ihrer Vor- und Nachbereitung jedoch nicht. Im Gegenteil war die Tarifpolitik in dem langen Jahrzehnt von 1959 bis 1971 das dominierende Thema der Verbandsarbeit. Durch die Zuspitzung der Tarifverhandlungen zum Streik in gleich zwei Fällen war eine bisher in dieser Branche ungekannte Härte des Arbeitskampfes erreicht worden, die die Tarifpolitik und das Zusammenspiel zwischen Arbeitgebern und Gewerkschaft nachhaltig verändern sollte.

VORSTANDSVORSITZENDE UND HAUPTGESCHÄFTSFÜHRER VON HESSENCHEMIE ZWISCHEN 1947 UND 2022

Vorstandsvorsitzende

Dr. Edgar Jörg (Zellstofffabrik Waldhof)
1947–1951

Adolf Todt (Kalle)
1951–1957

Hermann Handrack (Merck)
1957–1973

Hermann Habich (G. E. Habich's Söhne)
1973–1995

Paul Coenen (Degussa)
1995–1998

Karl-Hans Caprano (Technoform Caprano + Brunnhofer)
1998–2013

Hartmut G. Erlinghagen (Merz)
2013–2017

Prof. Dr. Heinz-Walter Große (B. Braun Melsungen)
2017–2020

Oliver Coenenberg (Sanofi-Aventis Deutschland)
2020–heute

Hauptgeschäftsführer[1]

Dr. Erich Musset
1947–1948

Wilhelm Freund
1948–1949

Dr. Ludwig Losacker
1949–1953

Werner Gerboth
1954–1972

Dr. Friedrichkarl Janert
1972–1995

Dr. Rolf-Achim Eich
1996–2004

Dr. Axel Schack
2005–2015

Dirk Meyer
2016–heute

Darmstatt.

5 NACH DEM STREIK

Der Streik in der chemischen Industrie im Jahr 1971 hatte sowohl auf die Beziehungen zwischen den Chemie-Arbeitgeberverbänden und der Gewerkschaft als auch auf die Ausrichtung des Arbeitgeberverbandes HessenChemie selbst tiefgreifende Auswirkungen. Für die Tarifpartner markierte der Streik eine Zäsur, die von Karl Molitor, dem langjährigen Hauptgeschäftsführer des Arbeitsrings, als „Wendepunkt der gewerkschaftlichen Politik" bezeichnet wurde.[1] Im Folgenden, wenn auch zeitlich nicht unmittelbar anschließend, entwickelte sich die sogenannte Chemie-Sozialpartnerschaft, als deren Architekten Karl Molitor ebenso wie Hermann Rappe, erster Vorsitzender der IG Chemie-Papier-Keramik (IG Chemie) von 1982 bis 1995, bezeichnet werden können. Diese Sozialpartnerschaft führte zu einer Abkehr von der konfrontativen und hin zu der Etablierung einer kooperativen Tarifpolitik. Deren Ziel war es, durch verschiedene Formen der Zusammenarbeit Lösungen für die Probleme der sich verändernden Arbeitswelt vor dem Hintergrund sich wandelnder gesellschaftlicher Verhältnisse zu finden.[2] Zu diesem Umdenken trug neben dem Streik ebenso die veränderte wirtschaftliche Situation seit den 1970er-Jahren bei, die durch die Ölpreiskrisen 1973 und 1979, die dadurch ausgelöste Stagflation und das Ende der langen Periode der Vollbeschäftigung gekennzeichnet war.[3]

Die Energiekrise 1973 wirkte sich auch auf die Mitgliedsfirmen von HessenChemie aus, wenngleich diese aufgrund ihrer Heterogenität unterschiedlich betroffen waren. Zur Kurzarbeit kam es vorübergehend bei den Produzenten von Chemiefasern, in der Wachswarenindustrie und in Teilen der kunststoffverarbeitenden Industrie.[4] Wie für die Gewerkschaften insgesamt wurde die Sicherung von Arbeitsplätzen Schwerpunkt der Arbeit der IG Chemie. Doch in der chemischen Industrie entstand darüber hinaus eine bemerkens-

← *Interview des hessischen Rundfunks mit dem Vorstandsvorsitzenden von HessenChemie, Hermann Handrack, 1971.*

Hüttenbetrieb der Degussa in Hanau-Wolfgang in den 1980er-Jahren.

werte Zusammenarbeit bei der Bekämpfung der Arbeitslosigkeit, die zweifelsfrei den Weg zur Sozialpartnerschaft bereitete. Im Jahr 1975 beschlossen die IG Chemie und der Arbeitsring gemeinsam die Gründung des paritätisch verwalteten „Unterstützungsverein der chemischen Industrie" (UCI), der unverschuldet arbeitslos gewordene Chemiebeschäftigte materiell unterstützte.[5] In Hessen setzte man sich gemeinsam für die Schaffung von mehr Ausbildungsplätzen ein. Ausgangspunkt hierzu war auch das Ausbildungsplatzförderungsgesetz von 1976 zur Bekämpfung der Jugendarbeitslosigkeit. Dies sah eine Berufsausbildungsplatzabgabe bei fehlenden Lehrstellen vor. Durch die gemeinsamen Initiativen konnte in den Jahren 1977 bis 1983 die Zahl der Auszubildenden in den Mitgliedsfirmen erfolgreich um 20 Prozent erhöht werden, wie im Ausbildungs-Appell des Verbandes festgestellt wurde.[6]

Um die Arbeitslosigkeit der 1970er-Jahre zu verringern, bemühten sich die Gewerkschaften um die Reduzierung der Wochenarbeitszeit auf 35 Stunden. Auch die IG Chemie forderte 1976 zur Sicherung von Arbeitsplätzen die Absenkung der Wochenarbeitszeit von 40 auf 35 Stunden. Diese Forderung konnte zum damaligen Zeitpunkt von der Gewerkschaft nicht umgesetzt werden. Stattdessen wurde in der chemischen Industrie die Einführung von Altersfreizeiten diskutiert, die 1983 mit einem Tarifvertrag geregelt wurde. Im Gegenzug blieb es bei der 40-Stunden-Woche. Ab dem 1. Juli 1989 galt in der chemischen Industrie in Hessen aufgrund einer tariflichen Arbeitszeitverkürzung die 39-Stunden-Woche.[7] 1993 trat die bislang letzte Verkürzung der Arbeitszeit auf 37,5 Arbeitsstunden pro Woche in Kraft. Für die kunststoffverarbeitende Industrie, für deren Tarifgestaltung HessenChemie eine differenzierte Politik verfolgte, war vom 1. Januar 1994 an eine Arbeitszeitverkürzung auf 38 Wochenstunden ausgehandelt worden.[8] Für alle Arbeitszeitverkürzungen insgesamt galt, dass sie einen hohen Aufwand betrieblicher Organisation mit sich brachten, die vom Verband begleitet und unterstützt wurde, da die Unternehmen eine Vielzahl an Arbeitszeitmodellen entwickelten.[9]

Der Gründung des Unterstützungsverein der chemischen Industrie im Jahr 1975 folgten seit den 1980er-Jahren zahlreiche weitere Einigungen, die als sogenannte Sozialpartner-Vereinbarungen zwischen BAVC und IG Chemie geschlossen wurden. Diese hatten und haben einen ausschließlich außertariflichen Status, fokussieren sich bis heute auf qualitative Themen der Tarif- und Personalpolitik und ermöglichen Lösungen für gesellschaftliche Veränderungen, die sich in der Arbeitswelt widerspiegeln. Den Auftakt bildete die „Vereinbarung zum Thema Gewerkschaftliche Vertrauensleute" von 1983, die Betrieben mit mehr als 700 Beschäftigten Wahlen von gewerkschaftlichen Vertrauensleuten empfahl, welche neben den bisher existierenden betrieblichen Vertrauensleuten agieren sollten.[10] Es folgten weitere außertarifliche Vereinbarungen zwischen BAVC und der IG Chemie, die teilweise auf den Verband angestellter Akademiker und leitender Angestellter der chemischen Industrie (VAA) ausgeweitet wurden. In Bezug auf die IG Chemie sind beispielhaft die 1987 geschlossene Vereinbarung über den paritätisch besetzten Berufsbildungsrat der chemischen Industrie und die im selben Jahr zusätzlich mit dem Verband der Chemischen Industrie (VCI) getroffene Umweltschutzübereinkunft ebenso zu nennen wie die 1989 gemeinsam herausgegebenen Grundsatzpositionen zur Frauenförderung in der chemischen Industrie.

Die außertariflichen Vereinbarungen manifestieren die außergewöhnliche Beziehung zwischen den Chemie-Tarifpartnern, die sich über die Jahre entwickelte.[11] Auch HessenChemie war an diesem Prozess beteiligt. In den 1970er- und 1980er-Jahren lässt sich die Herausbildung einer neuen Sicht auf die Arbeitsbeziehungen auf hessischer Ebene feststellen. Zum einen gerieten die Arbeitnehmer und Arbeitnehmerinnen verstärkt in den Blick, beispielsweise durch Arbeitszufriedenheits-Untersuchungen. Der Verband ließ diese zum ersten Mal 1980/81 durchführen, leitete aus ihnen unter anderem neue Angebote für die Mitgliedsfirmen ab und verwertete die Ergebnisse in der Öffentlichkeitsarbeit und zur Imageförderung der Chemieunternehmen als Arbeitgeber.[12] Zum anderen erläuterte der Hauptgeschäftsführer von HessenChemie, Friedrichkarl Janert, auf der Mitgliederversammlung 1975, dass erfolgreiche Tarifverhandlungen nur möglich seien, wenn die Wirtschaftsordnung vollständig akzeptiert würde.[13] Der Verband verstand seinen tarifpolitischen Auftrag im weitestmöglichen Sinne als Aufforderung, die Bedingungen seines Handelns mitzugestalten. Dazu bot HessenChemie gesellschaftspolitische Seminare seit der ersten Hälfte der 1970er-Jahre an.[14]

Auch der Wandel der Beziehung zwischen den Tarifpartnern lässt sich auf hessischer Ebene nachvollziehen. Schon das Abkommen zur Gründung des UCI wurde vom Hauptgeschäftsführer Janert als bedeutsam beurteilt, unter anderem weil es „ein Beispiel dafür [sei], dass in den Gewerkschaften – neben manch' anderen Gruppierungen – auch Kräfte wirken, die bereit sind, auch neue Wege mitzugehen, und zwar auch Wege, die sie zwangsläufig in Widerspruch zum Linksflügel der Organisation bringen mussten". Auch bringe das Abkommen „eine institutionell abgesicherte Ebene der Zusammenarbeit mit den Gewerkschaften, die wir trotz aller Gegensätze immer wieder suchen müssen".[15] Als 1977 im Hauptausschuss (zuvor: Großer Ausschuss) von HessenChemie diskutiert wurde, ob man in Bezug auf das Thema Entgelttarifvertrag – einem Tarifvertrag der nicht mehr zwischen der Bezahlung von Arbeitern und Angestellten, also Lohn und Gehalt, unterscheiden sollte – mit den Gewerkschaften verhandeln solle, plädierte auch der anwesende Hauptgeschäftsführer des Arbeitsrings, Karl Molitor, dafür, neue Wege in der Tarifpolitik zu beschreiten. Molitors Ansicht schien auch auf Bundesebene konsensfähig zu sein, denn tatsächlich wurden Verhandlungen über den Entgelttarifvertrag eingeleitet. Als diese 1987 zu einem Abschluss gelangten, war der Bundesentgelttarifvertrag für die chemische Industrie der erste seiner Art in einer bedeutenden Branche.[16] Die in Molitors Argumentation zu erkennende strategische Motivation für die Sozialpartnerschaft wurde auch in der Tarifpolitik des Arbeitgeberverbandes HessenChemie widergespiegelt. So wies zum Beispiel das Vorstandsmitglied Ludwig Georg Braun auf der Mitgliederversammlung im April 1988 darauf hin, dass statt weiterer Arbeitszeitverkürzungen die Weiterbildung der Belegschaft in den Blick genommen werden müsse.[17]

↑ *Das neue Metallwerk der Degussa auf dem Gelände des heutigen Industrieparks Hanau-Wolfgang, 1972.*

Auf Bundesebene entwickelte sich bereits seit Mitte der 1970er-Jahre aufgrund der Zusammenarbeit im UCI schrittweise eine vertrauensvollere Beziehung. Auf der Landesebene suchte man jedoch noch nach Möglichkeiten, mit der Gewerkschaft in eine veränderte Kommunikation und Zusammenarbeit einzutreten. Schon in den 1970er-Jahren war somit eine neuartige Haltung der Vertreter von HessenChemie und Arbeitsring zu bemerken. In diesen Zusammenhang fällt auch das ungewöhnliche Bildungsangebot der Betriebsräte-Seminare seitens HessenChemie, die unter den damaligen Arbeitgeberverbänden ansonsten wenig verbreitet waren.[18] Diese Seminare etablierten sich über die Jahre zu einem festen Teil des Seminarangebots. Im Jahr 1993 bezeichnete sie der spätere HessenChemie-Hauptgeschäftsführer Rolf-Achim Eich als „Selbstläufer".[19]

Von den Streikwellen der späten 1970er-Jahre, die sich beispielsweise im sechswöchigen Streik in der Stahlindustrie 1978/79 Bahn brachen, war HessenChemie nur dann betroffen, wenn ein Vermögensausgleich für gemeinschaftliche Streikkassen geleistet werden musste. Auch die Rhetorik der Vertreter des hessischen Arbeitgeberverbandes in den Tarifrunden war seit Ende der 1970er verändert. Die stets durch den Arbeitsring koordinierten, regional oder zentral verhandelten Tarifrunden waren vor dem Hintergrund der scharfen Rezession nach 1980 nicht einfach, da, wie der Vorsitzende Hermann Habich im April 1981 erläuterte, die Überzeugung der Gewerkschaften, dass Reallöhne regelmäßig erhöht würden, desillusioniert werden müsse. Dennoch laute die Vorgabe „tarifpolitische Kooperation soweit [sic] wie möglich", auch wenn vor dem Hintergrund des prinzipiell diametral angelegten Verhältnisses der Tarifpartner natürlich keine Übereinstimmung in allen Bereichen zu erwarten war.[20]

Die zweite Auswirkung des Streiks von 1971 betraf den Arbeitgeberverband HessenChemie selbst: Der Verband entwickelte sich mehr und mehr zu einem öffentlichkeitswirksamen Akteur, der einen professionellen Umgang mit den Medien als Bedingung einer erfolgreichen Tarifpolitik betrachtete. Zwar hatte HessenChemie schon immer die Bedeutung von Medien- und Pressearbeit betont und auch praktisch verfolgt, doch erst der Streik von 1971 und zusätzlich auch der Correcta-Streik von 1968 waren die entscheidenden Auslöser für die Etablierung einer systematischen, intensiven und professionellen Öffentlichkeitsarbeit. Denn durch beide Streiks war HessenChemie in den Fokus der Medien gerückt worden. Überregionale Zeitungen, Rundfunk und Fernsehen berichteten ebenso über die Streiks wie über die Problematik der Aussperrung; Vertreter des Arbeitgeberverbandes waren in Interviews und Stellungnahmen gefragt.[21] Schon 1970 hatte der Verband daher dem Vorstand ein Budget von 75 000 DM zu Zwecken der Öffentlichkeitsarbeit bewilligt und vorübergehend eine Heidelberger Presseagentur engagiert.[22] Diese Agentur führte den Pressedienst „hessen chemie – aktuell" ein und war damit wohl auch die Urheberin der simplen und eingängigen Bezeichnung HessenChemie, die sich wiederkehrend seit Mitte der 1970er im Außenauftritt des Arbeitgeberverbandes wiederfand und die sperrigere Be-

Betrieb der Abgaskatalysatoren der Degussa, 1979.

zeichnung Arbeitgeberverband Chemie und verwandte Industrien für das Land Hessen e. V. in der Kommunikation ablöste. Den Entschluss hin zu einer kommunikationsfreundlicheren Namensgebung vollzog im Jahr 1982 auf Bundesebene auch der Arbeitsring der Arbeitgeberverbände der Deutschen Chemischen Industrie bei seiner Umbenennung in Bundesarbeitgeberverband Chemie (BAVC), der ausdrücklich wegen seiner öffentlichen Wirkung gefallen war.[23]

Wenngleich das Engagement der Agentur für die Presse- und Öffentlichkeitsarbeit bei HessenChemie nur von kurzer Dauer war, wurden bereits erfolgreich einige die Zukunft prägende Leitlinien entworfen: So sollte eine breit angelegte, offensive Öffentlichkeitsarbeit gestaltet werden, die agieren statt reagieren sollte. Hiermit war gemeint, dass die oder der Verantwortliche von HessenChemie über die Tarifrunden hinaus die Medien mit Informationen über Themen zur chemischen Forschung und Entwicklung und der chemischen Industrie als Arbeitgeber versorgen und die Einordnung der Sozial- und Tarifpolitik in größere Zusammenhänge leisten sollte.[24] Dem Verband selbst ging es darum, die bereits zuvor betonten Möglichkeiten der öffentlichen Meinungsbildung innerhalb von Tarifverhandlungen zu nutzen, klar definierte Zielgruppen über tarif- und sozialpolitische Themen zu informieren, in der Öffentlichkeit ein positives Bild vom Unternehmer zu zeichnen und zudem als Vertreter der sozialen Marktwirtschaft zu wirken.[25]

Unter anderem um diese Zielsetzungen verfolgen zu können, wurden im Arbeitgeberverband neue Strukturen geschaffen. Deren Entwicklung fiel in die erste Hälfte der 1970er-Jahre. Wegweisend war hier die am 19. Januar 1972 abgehaltene „Grundsatzaussprache über Arbeit und Besetzung der Geschäftsstelle", die Personal- und Sozialwesen, Öffentlichkeits- und Informations- sowie Tarifarbeit betraf. Hierauf sollte die Einstellung eines Volkswirts mit Erfahrung in Personal- und Sozialwesen folgen sowie eine hauptamtliche Stelle für Öffentlichkeitsarbeit geschaffen werden.[26] Die ersten Einstellungen von Nicht-Juristen führten insgesamt zu einer erweiterten Professionalisierung und stärkeren Arbeitsteilung des Verbandes.[27] Möglich wurden die personellen Erweiterungen durch den Umzug von HessenChemie 1973 in ein eigenes, gemeinsam mit dem Arbeitsring neu errichtetes Gebäude in der Wiesbadener Abraham-Lincoln-Straße. Es folgten weitere Einstellungen, die die beiden juristischen Referenten entlasteten.[28]

Die ersten Schritte zur Umstrukturierung des Verbandes in der ersten Hälfte der 1970er-Jahre waren noch durch den Vorstandsvorsitzenden Hermann Handrack und den Geschäftsführer Werner Gerboth angestoßen worden und wurden von ihren Nachfolgern Hermann Habich und Friedrichkarl Janert konsequent vorangetrieben: Da Werner Gerboth am 18. April 1972 sein 65. Lebensjahr vollendete und in den Ruhestand ging, wurde der zuvor als Geschäftsführer im Arbeitsring tätige Janert zu seinem Nachfolger bestimmt.[29] Im Mai 1973 wählte die Mitgliederversammlung Hermann Habich, seines Zeichens Mitgesellschafter und -geschäftsführer der Farbenfabrik Habich's Söhne in Reinhardshagen im Landkreis Kassel, zum neuen Vorstandsvorsitzenden.[30] Für Hermann Handrack endete im Jahr 1973 ein jahrzehntelanges Engagement bei HessenChemie, das mit seiner Wahl in den Vorstand 1953 begonnen hatte und durch seine langjährige Tätigkeit als Vorsitzender in den Jahren seit 1957 geprägt war.

Eine der ersten Handlungen des Vorstands unter dem neuen Vorsitzenden Habich war die Initiative zur Satzungsänderung durch die Mitgliederversammlung zum 16. Januar 1974. Auch hier schlug sich die Ausrichtung als Kommunikationsakteur nieder. Denn der Vorstand konnte seitdem „zu seiner Beratung, insbesondere in Fragen der Sozial- und Gesellschaftspolitik, einen Beirat bilden, dem bis zu 15 Mitglieder angehör[t]en." Die Schaffung des Beirats sollte allerdings vor allem dazu dienen, „die Repräsentanz des Verbandes in der Öffentlichkeitsarbeit zu verbreitern".[31] Der durch ehrenamtliche Vertreter der Unternehmen besetzte Beirat tagte erstmals im Herbst 1974.[32] Im Zuge der Satzungsänderung wurde zudem der Große Ausschuss modifiziert. Waren zuvor 40 Mitglieder für den Ausschuss vorgesehen, wurde die maximale Mitgliederzahl nun auf 50 erhöht. Auch erfolgte die Umbenennung in Hauptausschuss, weil so die übergeordnete Rolle dieses Organs gegenüber Arbeitsausschüssen, die vom Vorstand berufen wurden, eindeutiger sein sollte. Daneben wurde im Satzungsparagrafen über „Die Geschäftsführung" eine Differenzierung zwischen Geschäftsführern und Hauptgeschäftsführer festgeschrieben.

↑ *Vorstandsvorsitzender Hermann Habich, Hauptgeschäftsführer Friedrichkarl Janert und die Verantwortliche für Öffentlichkeitsarbeit Hannelore Kröter (v. l. n. r.), verm. 1980er-Jahre.*

Mit dem durch die Satzungsreform neu geschaffenen Beirat und der neuen hauptamtlichen Stelle für Öffentlichkeitsarbeit waren die Kapazitäten für die Arbeit auf diesem Feld deutlich verbreitert worden. Zudem konnte der Vorstand auf Ideen des schon 1970 gegründeten Unterausschusses für Öffentlichkeitsarbeit setzen, von 1974 an auf Vorschläge des Ausschusses für Öffentlichkeitsarbeit.[33] Mit dieser organisatorischen Struktur und personellen Verstärkung konnte, entsprechend der diversen Zielsetzungen von HessenChemie in Bezug auf ihre Rolle in der Öffentlichkeit, eine weitgespannte Palette von Tätigkeiten entwickelt werden, die von der Pressearbeit über die Aufklärung und Information von Arbeitnehmern, Arbeitgebern und Multiplikatorengruppen wie Lehrkräften, Pfarrern und Pfarrerinnen sowie Richtern und Richterinnen über aktiv Seite 4/5

Jede Arbeitsstunde kostet 29,58 Mark

Industrie-Durchschnitt: 26,80 Mark

Hessen-Chemie: Fast 3 Mark mehr

Wiesbaden. 1982 war für die deutsche Industrie ein teures Jahr: Die Kosten pro Mitarbeiter und Arbeitsstunde stiegen auf durchschnittlich 26,80 Mark. Von allen großen Industrienationen wird dieser Wert nur von den USA (28,48 Mark) und Kanada (27,16 Mark) übertroffen.

Die hessische Chemie aber lag deutlich über dem Durchschnitt der Bundesrepublik und sogar noch über den Arbeitskosten von Amerika und Kanada: Jede geleistete Arbeitsstunde schlug hier mit 29,58 Mark zu Buche.

Arbeitskosten, das ist natürlich nicht nur die Summe, die in der Lohn- und Gehaltsabrechnung steht. Der Direktlohn in der hessischen Chemie betrug 1982 durchschnittlich 16,44 Mark pro Stunde. Doch dazu kommen pro Mitarbeiter und effektiver Arbeitsstunde nochmals 13,14 Mark an Personalzusatzkosten.

Damit machen die Sozialleistungen nochmals 80 Prozent vom Arbeitslohn aus. Das ist mehr als in jedem anderen Land. Rund 250 Arbeitstage bekommt jeder Arbeitnehmer im Jahr bezahlt. Doch nach Abzug von Feiertagen, Urlaub, von Krankheits- und anderen Fehltagen bleiben insgesamt etwas mehr als 200 Arbeitstage übrig.

Fast 400 Stunden werden jährlich also bezahlt, ohne daß gearbeitet wird. Allein dadurch kostet jede effektive Arbeitsstunde schon 25 Prozent mehr als der Bruttolohn.

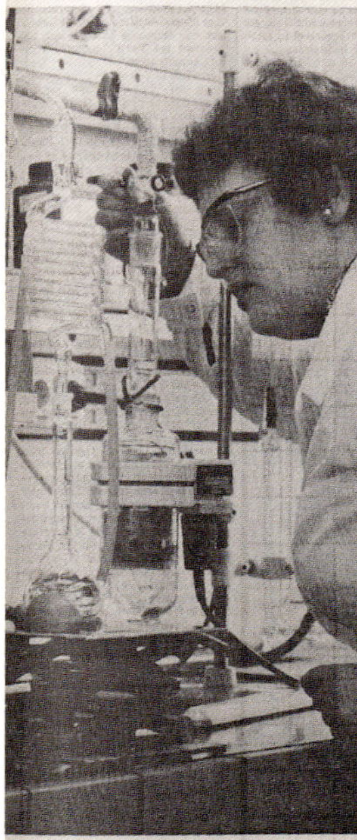

…: In Hessen kostet eine Arbeitsstunde 29,80 DM.

In USA weniger Freizeit

Zum Vergleich: In den USA gibt's weniger Urlaubs- und Feiertage, so daß jeder dort etwa 20 Tage mehr arbeitet als bei uns.

Auch zur sozialen Absicherung steuern deutsche Unternehmen mehr bei: Arbeitgeberanteile zur Renten-, Kranken- und Arbeitslosenversicherung, vermögenswirksame Leistungen, Sonderzahlungen wie Urlaubsgeld, Jahres- und Treueprämien, bis hin zum Zuschuß fürs verbilligte Mittagessen.

49 221 Mark im Jahr

Aufs ganze Jahr gerechnet, beliefen sich 1982 die gesamten Arbeitskosten je Mitarbeiter in der hessischen Chemie auf durchschnittlich 49 221 Mark. Teilt man diese Summe durch die 1664 Arbeitsstunden eines Jahres, so kommt man auf 29,58 Mark pro Stunde, die Arbeitskosten der hessischen Chemie.

…sten Sie Ihr Wissen!

…r Wissen über die Chemie in … drei Antworten sind vorge… Sie die richtige Antwort an.

…unge Menschen beginnen in … ihre Ausbildung in der …nie?

… ist der Chemie-Anteil am …t aus Hessen?
…nt
…nt
…nt

…nternehmen der chemischen …rwandten Industrie gibt es in …

b) rund 370
c) knapp 500

4. In welchem Jahr hat die hessische Chemie so viel produziert wie 1982?
a) 1976
b) 1978
c) 1981

5. Wie hoch waren 1982 die gesamten Arbeitskosten pro Mitarbeiter im Durchschnitt der hessischen Chemie?
a) knapp 20 000 Mark
b) rund 30 000 Mark
c) genau 49 221 Mark

6. Wie viele Mitarbeiter beschäftigen die chemische Industrie und die damit verwandten Industrien in Hessen?
a) etwa 10 000
b) knapp 50 000
c) über 110 000

Noch keine Erholung im Export!

Kassel. Jahrelang brachte der Export der hessischen Chemie stolze Zuwachsraten. Das hat sich geändert. *aktiv* sprach mit Hermann Habich (56), Mitinhaber einer Farbenfabrik und Vorsitzender des hessischen Chemie-Arbeitgeberverbandes.

***aktiv:* Herr Habich, ist von einer Erholung im Export schon etwas zu spüren?**

Habich: Leider noch nicht. Letztes Jahr bestellte das Ausland 3,5 Prozent weniger Chemieerzeugnisse in Hessen. Und von Januar bis Mai ging der Export nochmals um 1,8 Prozent zurück. Man muß sich vor Augen halten, daß der Verlust von einem Prozent übers Jahr gerechnet einen Ausfall von 80 Millionen Mark bedeutet.

***aktiv:* Ist „Made in Hessen" dem Ausland zu teuer?**

Habich: Niemand kauft einen Eimer Farbe, der fünf Mark teurer ist, nur weil da drauf steht „Made in Germany". Bei gleicher Qualität entscheidet letztlich der Preis. Und wir müssen immer häufiger gegen Länder antreten, die billiger produzieren.

Hermann Habich

***aktiv:* Also schlechte Aussichten für die Hersteller von Allerweltsprodukten?**

Habich: Das hängt ganz von der weiteren Entwicklung ab. Noch haben die Massengüter der hessischen Chemie eine Chance. Wir dürfen es uns nur nicht leisten, die Produktion durch hausgemachte Kostensteigerungen weiter zu verteuern.

***aktiv:* Warum setzt die hessische Chemie nicht verstärkt auf Spezialitäten, bei denen der Konkurrenzkampf weniger scharf ist?**

Habich: Sehen Sie sich die Zahlen an. 20 Prozent der Exporte sind organische Chemie, 14 Prozent Kunststoffe, zwölf Prozent pharmazeutische Produkte, acht Prozent Farben, Pigmente und Farbstoffe. Außerdem Dünger, Pflanzenschutz, Klebstoffe und vieles mehr. Sicher geht der Trend mehr zu Spezialitäten. Aber die allein können nicht so gewaltige Umsätze bringen.

***aktiv:* Wie schätzen Sie die Aussichten für die nächsten Monate ein?**

Habich: Es wird schwer. Aber ich hoffe, wir kommen aus den roten Zahlen heraus. Voraussetzung ist, daß die Konjunktur weltweit anzieht und die Länder, die vor dem Bankrott stehen, ihre Devisenprobleme meistern.

„Made in Hessen" für die ganze Welt: Export von Kopiergeräten nach Kanada und Südafrika.

Hoher Export-Anteil sichert Arbeitsplätze

„Made in Hessen" für die ganze Welt

Frankfurt. In Indien fließt Trinkwasser durch Kunststoff-Rohrleitungen aus Hessen. In Afrika bekämpfen Ärzte Seuchen und Schlangenbisse mit Medizin aus Hessen. In Südamerika schützen hessische Folien-Ponchos die Schafe vor Wind und Wetter. Technische Garne aus Hessen sorgen dafür, daß die Reifen der Jumbos die enormen Belastungen bei Start und Landung heil überstehen.

Die Hit-Liste der Chemie-Exporte aus Hessen ist lang. Hessen beliefert die Welt mit Fasern, Farben, Pflanzenschutz- und Düngemitteln, mit Kunststoff und Medikamenten. Jüngstes Erfolgserzeugnis in der breiten Palette der Grundstoffe und Fertigprodukte: Japans Elektronik-Spezialisten schwören auf Flüssig-Kristalle aus Hessen. Uhren, Instrumente und Digital-Anzeigen werden damit ausgerüstet.

Tag für Tag, Wochenenden und Feiertage mitgerechnet, liefert die hessische Chemie Waren im Wert von mehr als 22 Millionen Mark an ausländische Kunden. Bisheriges Rekord-Jahr war 1981: Damals erreichte der Export stolze 8,35 Milliarden Mark. Dabei sind die indirekten Exporte, also Chemie-Werkstoffe, die zum Beispiel in exportierten deutschen Autos steckten, nicht einmal mitgerechnet.

Doch seit diesem Rekord-Jahr ist der Wert der hessischen Ausfuhren ständig gesunken, 1982 beispielsweise sackte der Auslandsumsatz der hessischen Chemie um 290 Millionen Mark ab. Hauptursache war die weltweit schlechte Konjunktur. Da in vielen Ländern die Devisen ausgehen, greift man dort immer häufiger auf billigere Konkurrenzprodukte zurück. Und um die eigene Produktion zu schützen, pfeifen manche Länder gar auf den freien Handel: Schutzzölle oder Importverbote sollen die unbliebsamen ausländischen Waren fernhalten.

Während sich die Nachfrage im Inland allmählich erholt, geht der Export weiter zurück. Von Januar bis Mai blieben Hessens Chemie-Ausfuhren erneut um 63 Millionen Mark unter dem Ergebnis der ersten fünf Monate des Vorjahres. Damit steuert das Ausland nur noch 32 Prozent zum hessischen Chemie-Umsatz bei. Zum Vergleich: In besseren Zeiten sicherte der Export über 40 Prozent der Arbeitsplätze in der hessischen Chemie.

Letztes Jahr nur soviel produziert wie 1976!

Wiesbaden. Endlich wieder ein leichter Aufwind: Die Auftragseingänge der hessischen Chemie-Firmen in den Monaten Januar bis Mai lagen um 2,3 Prozent über denen des Vorjahres. Die Produktion freilich hinkt noch hinterher. Sie konnte nur um 0,2 Prozent zulegen. Zum Vergleich: Die Wirtschaftsleistung der gesamten Bundesrepublik nahm bereits im ersten Quartal um 0,5 Prozent zu.

Die hessische Chemie startete unter denkbar schlechten Bedingungen in dieses Jahr. 1982 waren die Anlagen nur zu 77 Prozent ausgelastet — der schlechteste Wert seit sechs Jahren. Entsprechend niedrig fiel auch die Produktion aus: Sie ging um 2,1 Prozent zurück und lag damit unter dem Ergebnis von 1976.

Die Kosten aber waren längst nicht mehr die von 1976. Die Lohnstückkosten erhöhten sich allein seit 1981 um 7,9 Prozent. Auch Rohstoffe und Energie — Strom und Erdgas zum Beispiel — wurden 1982 um zehn bis 20 Prozent teurer.

Geringere Produktion bei höheren Kosten, das bedeutet normalerweise entsprechend steigende Preise. Doch schlechte Konjunktur und harte Konkurrenz ließen das nicht zu. Die Folge: eine weitere Verschlechterung der Gewinnsituation. 60 Prozent der hessischen Chemie-Firmen meldeten gesunkene Erträge. Nicht einmal jedes dritte Unternehmen konnte den Gewinn halten.

Dr. Friederichkarl Janert (52), Hauptgeschäftsführer des hessischen Chemie-Arbeitgeberverbandes: „Diese Scharten müßten dringend ausgewetzt werden. „Doch der Weg zu mehr Erlösen durch höhere Preise ist weiter versperrt: Vor allem der Export verträgt keine Preiserhöhungen. Trotz weiterer Kostensteigerungen bekamen Hessens Chemiefirmen in den ersten fünf Monaten dieses Jahres für ihre Erzeugnisse nur 0,2 Prozent mehr als im gleichen Zeitraum 1982.

Vorerst ruhen die Konjunktur-Hoffnungen auf dem Inlands-Geschäft. Vor allem der Wohnungsbau kommt allmählich in Schwung. Farben und Lacke, Isolier- und Dämmstoffe zum Beispiel sind gefragt. Und auch die Automobilindustrie kauft wieder mehr.

Trotz der klammen Kassenlage kann es sich die Chemie nicht leisten, an den Investitionen zu sparen. Sonst würde sie Gefahr laufen, den Anschluß zu verlieren. Im Durchschnitt planen Hessens Chemiefirmen für 1983 gleich hohe Ausgaben für Forschung und Entwicklung, für neue Gebäude und Anlagen wie im letzten Jahr.

↑ *AKTIV Wirtschaftszeitung, Beilage für Hessen, Jahrgang 1983.*

Themen der Sozial- und Tarifpolitik bis hin zur Bildungsarbeit reichte.[34] Innerhalb dieser drei Felder gab es feste, wiederkehrende Termine und Angebote, wie die sogenannten Unterschweinstiegen-Pressegespräche und wiederholte Teilnahmen am Hessentag.

Daneben führte HessenChemie auch besondere Aktionen mit hohem organisatorischen und finanziellen Aufwand durch, wie die Wanderausstellung „Der Mensch in der Chemie" im Jahr 1982.[35] In diesen Zusammenhang fällt auch die Aktion „Wirtschaft im Gespräch", die anlässlich der Landtagswahlen in Hessen 1987 zusammen mit dem Arbeitgeberverband Hessenmetall initiiert wurde und für welche Kosten in Höhe von rund 500 000 DM anfielen.[36] Zur Aufklärung und Information von Arbeitnehmern und Arbeitnehmerinnen und Arbeitgebern nutzte HessenChemie verschiedene Publikationen. Auf einer außerordentlichen Mitgliederversammlung im März 1972 wurde der Bezug der Zeitschrift „aktiv" beschlossen, um unternehmerische Standpunkte und Argumente in breiten Schichten der Arbeitnehmerschaft bekannt zu machen.[37] HessenChemie übernahm die Kosten für die Zeitung.[38] Diese wurde später noch weiterentwickelt, indem seit 1983 regelmäßig hessischen Themen gewidmete Sonderseiten beigelegt wurden, deren Redaktion in den Händen von HessenChemie lag.[39]

Aus dem Bereich der Öffentlichkeitsarbeit heraus entwickelte HessenChemie die Bildungsarbeit, die in der ersten Hälfte der 1970er-Jahre zunächst von den bereits genannten Betriebsräte-Seminaren und arbeits- und sozialrechtlichen Veranstaltungen geprägt war.[40] Hinzu kamen nach und nach weitere Seminare, etwa für Führungskräfte sowie Angebote zur Verbesserung der „unternehmerischen Öffentlichkeitsarbeit", mit denen der Arbeitgeberverband HessenChemie seine in der Öffentlichkeits- und Pressearbeit erworbene Expertise als Dienstleister an die Mitgliedsfirmen weitergab.[41] Auf Vorschlag des Öffentlichkeitsausschusses entschied der Vorstand im September 1979 schließlich, eine eigene „Marke" für Bildungsangebote zu etablieren. Die Bezeichnung „Bildungsstiftung Hessen-Chemie" schien dem Vorstand besser für Marketingzwecke geeignet als der Arbeitgeberverband HessenChemie und sollte zunächst zur „gezielte[n] Förderung des Jugendbildungsurlaubs" genutzt werden.[42] Damit reagierte der Arbeitgeberverband auf ein hessisches Gesetz zum Jugendbildungsurlaub von 1974, das jüngeren Beschäftigten die Möglichkeit der Freistellung von der Arbeit zum Zweck der Weiterbildung eröffnen sollte.[43] In den ersten Jahren wurde das Bildungsangebot der „Bildungsstiftung Hessen-Chemie" eher zurückhaltend nachgefragt, sodass Hauptgeschäftsführer Janert auf der Mitgliederversammlung im April 1982 noch einmal an die Mitgliedsfirmen appellierte, diesem Angebot in Zukunft mehr Beachtung zu schenken, denn es käme darauf an, „in diesem jüngeren Mitarbeiterkreis diejenigen zu fördern, die sich den systemverändernden Verführern entgegenstellen könnten."[44] Diese Zielsetzung verblasste mit der Zeit und wurde durch eine andere Ausrichtung ersetzt: ein qualitativ hochwertiges Jugendbildungsurlaubsangebot, geprägt von ausbildungsnahen und fachorientierten Themen. Um dieser Entwicklung eine entsprechende Legitimation zu verschaffen, schlug der Vorsitzende Hermann Habich einen „Richtungsbeschluß" vor, der das gesamte Weiterbildungsangebot von HessenChemie unter der Bildungsstiftung Hessen-Chemie bündeln sollte.[45] In diesem Sinne wurde die Bildungsstiftung Hessen-Chemie weiterentwickelt, ihr Angebot ausgeweitet und um jeweils aktuelle Themen erweitert. Als die Umweltfrage in den 1970er- und 1980er-Jahren zu einem bedeutenden gesellschaftspolitischen Thema wurde, widmete sich die Bildungsstiftung konsequenterweise dem Zusammenhang zwischen chemischer Industrie und Umwelt, damit die Beschäftigten kenntnisreich kritischen Argumenten entgegentreten konnten.[46] Die Bildungsstiftung nahm vor diesem Hintergrund Umweltbildungsseminare in ihr Angebot auf und konzipierte sogenannte GIBUCI-Seminare, die Themen der 1987 durch beide Chemie-Sozialpartner gegründeten „Gesellschaft zur Information von Betriebsräten über Umweltschutz in der chemischen Industrie" aufgriff. Die Vermittlung von Kenntnissen zu Umweltschutz und Chemieindustrie wurde von HessenChemie auch in der 1988 angelaufenen Aktion „Hessen-Chemie – aktiv im Umweltschutz" verstärkt in den Fokus der Bildungsarbeit gerückt. Im Rahmen dieses Projekts wurden ebenso das Umweltmagazin „Umwelt-aktiv" wie drei Ausgaben Umweltbriefe herausgegeben, die mit einer Auflage von 10 000 Exemplaren in den Mitgliedsbetrieben an untere und mittlere Führungskräfte, Ausbilder und Auszubildende sowie weitere Interessierte verteilt wurden.[47]

Als aufwendigste Aktion der Öffentlichkeitsarbeit stach die Wanderausstellung „Dialog mit der Chemie" heraus, deren Vorbereitung und Durchführung mehr als zweieinhalb Jahre dauerte.[48] Die vom Verband dafür gebilligten Ausgaben überstiegen den außergewöhnlich hohen Kostenrahmen von einer Million DM knapp und wurden zu einem kleinen Teil auch vom VCI Hessen mitgetragen.[49] Wie im Titel der Ausstellung bereits angekündigt, wollte HessenChemie über diese Schau in einen Dialog mit der Bevölkerung Hessens treten, um Vorurteile abzubauen und Informationen über die chemische und kunststoffverarbeitende Industrie Hessens zu vermitteln. Vor allem Schüler und Schülerinnen sowie Lehrer und Lehrerinnen verschiedener Schulformen sollten angesprochen werden, unter anderem mit eigens für diese Zielgruppe konzipierten Veranstaltungen. Die teilweise auf einer Schau des Arbeitgeberverbandes Baden-Württemberg beruhende Ausstellung wurde an 16 Orten gezeigt und von Experimentalvorträgen begleitet.[50] Rund 250 Klassen und sonstige Gruppen nahmen das Angebot in Anspruch, insgesamt besuchten über 30 000 Menschen die Ausstellungen. Besonders große Presseresonanz fand die Eröffnungsveranstaltung in Bad Homburg mit Bundesumweltminister Klaus Töpfer.[51]

Geprägt durch die einschneidenden Streikerfahrungen wurden seit den 1970er-Jahren sowohl auf Bundes- als auch auf Landesebene neue Wege eingeschlagen. Einige Jahre nach

← *Werbung für Umweltschutz von Degussa, 1972.*

dem Streik 1971 entstanden neue Formen der Zusammenarbeit zwischen den Tarifpartnern, die die Einhegung von Konflikten erleichterten und die Bewältigung von Problemen der sich wandelnden Arbeitswelt ermöglichten, ohne die grundsätzlichen Interessen der Tarifparteien aufzuheben. Verbandsintern gelang es HessenChemie in Reaktion auf die beiden Streiks von 1968 und 1971 eine funktionsfähige und nach Zielgruppen differenzierte Presse- und Öffentlichkeitsarbeit sowie ein weitreichendes und diverses Bildungsangebot zu etablieren. Beide Bereiche dienten der Durchsetzung tarif- und sozialpolitischer Anliegen und unterstrichen den Dienstleistungscharakter des Verbandes. Vieles wurde in diesen Jahren etabliert, was noch lange Teil der Verbandsarbeit bleiben sollte, wie die Zusammenarbeit mit Lehrkräften oder die Fortbildungsangebote zur Öffentlichkeits- und Pressearbeit für Mitgliedsunternehmen. Die erfolgreiche Etablierung dieser Handlungsfelder ist einerseits auf die systematischen Modernisierungs- und Professionalisierungsbemühungen des Arbeitgeberverbandes nach dem Neuantritt des Vorstandsvorsitzenden Hermann Habich und des Hauptgeschäftsführers Friedrichkarl Janert zurückzuführen. Andererseits war sie ebenso Resultat einzelner Maßnahmen aus den Jahren zuvor.

Eingang
Hoechst
Ordentliche
Hauptversammlung
Eingang · Entrance · Entrée

6 1990ER-JAHRE – KRISENJAHRE?

Zu Beginn der 1990er-Jahre führten gleich mehrere Ereignisse und Entwicklungen zu tiefgreifenden politischen und gesellschaftlichen Veränderungen, die auch die Tarifpolitik vor bis dahin nicht gekannte Herausforderungen stellten: West- und Ost-Deutschland wurden wiedervereint, der Ostblock zerfiel, 1993 wurde die EU gegründet und die sogenannte Digitale Revolution leitete einen umfassenden Wandel der Gesellschaft ein. Auf volkswirtschaftlicher Ebene verstärkte sich der schon in den 1970er-Jahren begonnene Umwandlungsprozess von der Industrie- zur Dienstleistungsgesellschaft, der auf dem Arbeitsmarkt zu einer Zunahme höher qualifizierter Beschäftigter führte, während die Zahl der Arbeiter und Arbeiterinnen in Landwirtschaft und Industrie abnahm. Diese Verschiebung der Beschäftigten zwischen den Sektoren wirkte sich auch auf die Organisation der industriellen Arbeitsbeziehungen aus. So stellten einige Gewerkschaften schon in den 1980er-Jahren einen Rückgang ihrer Mitgliedszahlen fest; die IG Chemie-Papier-Keramik (IG Chemie) war zu diesem Zeitpunkt noch nicht davon betroffen. Doch fanden sich die Gewerkschaften insgesamt in einer zunehmend schwierigeren Lage wieder, was unter anderem mit der Herausforderung zusammenhing, die bedeutender werdenden Gruppen der Frauen, ausländischen Arbeitnehmer, Jugendlichen und Angestellten anzusprechen und für die Gewerkschaften zu gewinnen. In den folgenden Jahren sanken die Mitgliederzahlen besonders drastisch: Betrug die Zahl der DGB-Mitglieder im vereinigten Deutschland Ende 1992 noch 11,8 Millionen, war sie 2005 auf 6,8 Millionen gesunken.[1] Der Trend konnte auch nicht durch die Aufnahme der ostdeutschen Arbeitnehmer und Arbeitnehmerinnen nach der deutschen Wiedervereinigung im Jahr 1990 gestoppt werden, da deren Integration kaum gelang.

← Aktionäre auf dem Weg zur Hauptversammlung der Hoechst AG am 9. Dezember 1999.

Die neu gegründete Abteilung Informatik und Kommunikation von Hoechst, 1985.

Der Mitgliederschwund bei den Gewerkschaften war auch für die Arbeitgeberverbände insofern ein Problem, da durch den sinkenden Organisationsgrad die Stabilität und Legitimität der Tarifpolitik im System der industriellen Beziehungen infrage gestellt wurde. Von 1991 an schlug sich der Mitgliederschwund schließlich auch in der Mitgliederstatistik der IG Chemie für die West-Landesbezirke nieder.[2] Nach einer Phase der Kooperation fusionierten im Jahr 1997 schließlich die drei Einzelgewerkschaften IG Bergbau und Energie, IG Chemie-Papier-Keramik und die Gewerkschaft Leder zur IG Bergbau, Chemie, Energie (IGBCE).

Auch ökonomisch waren die 1990er-Jahre alles andere als einfach. Brachte die deutsch-deutsche Einigung zunächst einen wirtschaftlichen Aufschwung, erlebte die westdeutsche Wirtschaft 1992 eine einschneidende Rezession. Die Arbeitslosigkeit stieg von 7,3 Prozent im Jahr 1991 auf einen vorläufigen Höhepunkt von 12,7 Prozent im Jahr 1997.[3] Die Frühjahrs-Wirtschaftsumfrage des Jahres 1993 von HessenChemie spiegelte den wirtschaftlichen Einbruch in der chemischen Industrie in Hessen wider. So bewerteten die „beteiligten Firmen […] die allgemeine Geschäftslage ähnlich negativ wie zuletzt zu Beginn der 80er Jahre." Zusätzlich zum Konjunkturrückgang wirkte sich das Anfang 1993 in Kraft getretene Gesundheitsstrukturgesetz negativ auf die Pharmasparte aus, da dies ein Arznei- und Heilmittelbudget bestimmte, welches den Absatz der Pharmaunternehmen schmälerte. Die bereits erwähnte Wirtschaftsumfrage registrierte in Bezug auf einige Pharmaprodukte im ersten Quartal Umsatzeinbußen von „bis zu 30 Prozent und mehr". Davon blieb der Arbeitsmarkt nicht unberührt. Im März 1993 wurden in der hessischen Chemie 5,1 Prozent Beschäftigte weniger gezählt als im März 1992. Somit wurde, laut Berechnung von HessenChemie, „innerhalb von 12 Monaten etwa die Hälfte des in den 80er Jahren in der hessischen Chemie erzielten Beschäftigungszuwachses wieder abgebaut".[4]

Manfred Hoppe, der für Wirtschaftspolitik verantwortliche Verbandsgeschäftsführer, stellte auf der Jahresmitgliederversammlung 1993 fest, dass man es hier mit grundsätzlichen Veränderungen zu tun habe, die im Sinne eines Strukturwandels auch nach einer Konjunkturerholung bestehen blieben. Denn die Folgen von Wiedervereinigung und europäischer Integration, ebenso wie der zunehmenden Globalisierung zeigten sich rasch. Die veränderten Rahmenbedingungen für die deutsche Wirtschaft hatten auch Auswirkungen auf das tarifpolitische Handeln. Die Länder des ehemaligen Ostblocks drängten ebenso auf den Weltmarkt wie die Schwellen- und Entwicklungsländer, die allesamt zu geringeren Kosten produzieren konnten.[5] Bei HessenChemie sah man den Wirtschaftsstandort in Gefahr und warnte davor, dieses Problem noch durch falsche politische Entscheidungen zu verschärfen.[6] Überdies waren durch die Wiedervereinigung die Sozialleistungen stark erhöht worden: So betrug die Sozialleistungsquote, also der Anteil der staatlichen Sozialausgaben im Verhältnis zum Bruttoinlandsprodukt, im Jahr 1990 für (West-)Deutschland noch 20,1 Prozent. In Folge der Währungs-, Wirtschafts- und Sozialunion im Juli 1990 stieg diese Quote auf 26,8 Prozent im Jahr 1995 an.[7]

Für die Tarifpolitiker von HessenChemie galt daher, ihr Handeln an den Bedingungen des Strukturwandels der 1990er-Jahre auszurichten. Das betraf zunächst die Tarifrunde des Jahres 1993. Zu deren Beginn äußerte Hauptgeschäftsführer Friedrichkarl Janert im November 1993, dass Verteilungsspielräume vor dem Hintergrund der wirtschaftlichen Lage der chemischen Industrie in Hessen schlicht nicht vorhanden seien, was tarifpolitisch die Forderung einer Nullrunde bedeutet hätte. Da Janert um das Konfliktpotential und die Folgen einer solchen Forderung wusste, plädierte er stattdessen für eine mittelfristige Kursänderung der Tarifpolitik, die in mehreren Stufen zu einer Absenkung des Reallohnniveaus führen sollte. Hierzu seien Tarifabschlüsse notwendig, die unterhalb der Preissteigerungsrate blieben, und zwar so lange, bis mit dem erhofften konjunkturellen Aufschwung eine durchgreifende Verbesserung der Arbeitsproduktivität und der Kostensituation der Unternehmen verbunden wäre.[8] Das schließlich getroffene Tarifabkommen des Jahres 1994 legte eine zweiprozentige Tariferhöhung sowie das Einfrieren der Jahressonderzahlung 1994 und 1995 auf der Basis vom Oktober 1993 fest. Darüber hinaus sah das Abkommen die Absenkung der Einstellbezüge vor, um Neueinstellungen zu erleichtern. Auch in den folgenden Jahren 1995 bis 1999 bewegten sich die Tariferhöhungen in der chemischen Industrie auf einem im Vergleich zu den vorausgegangenen Jahrzehnten niedrigen Niveau zwischen 1,5 und 3,8 Prozent;[9] die wirtschaftliche Entwicklung in der chemischen Industrie in Hessen stellte sich größtenteils verhalten dar.[10] Das Gesamtergebnis des Jahres 1994 beinhaltete zudem Empfehlungen zur Beschäftigungsförderung. Neben der Lohnfrage konzentrierte sich die Tarifpolitik in den folgenden Jahren auf beschäftigungssichernde und beschäftigungsfördernde Komponenten wie den Abbau von Mehrarbeit, die Erhöhung des Ausbildungsplatzangebots sowie die bevorzugte Einstellung von Langzeitarbeitslosen.[11]

Für den Arbeitgeberverband HessenChemie war es bis dahin Teil seiner Organisationslogik gewesen, sein tarifpolitisches Handeln stets flexibel an die jeweiligen ökonomischen

↑ *Beschäftigte von Degussa im Metallwerk Hanau-Wolfgang, 1991.*

Rahmenbedingungen anzupassen. Neu am Strukturwandel der 1990er-Jahre war jedoch, dass hier tiefgreifende gesellschaftliche, politische und ökonomische Ereignisse und Entwicklungen zusammentrafen, sich teilweise überlagerten und gegenseitig beeinflussten. Die aktuelle Lage schien für die Zeitgenossen diffus und schwer greifbar; während herkömmliche und etablierte Gewissheiten zunehmend in Zweifel gezogen werden mussten, waren die Zukunftsaussichten kaum kalkulierbar. Der hessische Arbeitgeberverband reagierte darauf, indem er sich darum bemühte, den Strukturwandel auf seine genaue Bedeutung für die Mitgliedsfirmen hin zu analysieren und hier seine Rolle als unterstützender Dienstleister zu finden.[12] Dies schloss auch eine veränderte Zielsetzung für die Öffentlichkeitsarbeit ein, die sich seit Mai 1993 in einer Orientierungsphase befand und ihren Fokus auf „Vertrauenswerbung für unsere Industrie" richtete.[13] Hieraus entwickelte sich unter anderem eine gemeinsame Zusammenarbeit mit dem VCI zur Präsentation von Themen in der Öffentlichkeit, die beide Verbände berührten.[14] Warum die chemische Industrie um Vertrauen in der Öffentlichkeit werben müsse, erläuterte Hermann Habich auf seiner letzten Mitgliederversammlung als Vorsitzender von HessenChemie im Jahr 1995: Wegen des Personalabbaus der vorhergehenden Jahre sei nun neu, „daß wir auch als Arbeitgeber und Ausbilder mit einem veränderten Image in der Öffentlichkeit rechnen müssen". Denn „der gesellschaftspolitische Einfluß unserer Industrie, auch als Ratgeber in der Bundespolitik, [hänge] ganz wesentlich davon [ab], ob wir weiterhin als ein fairer, auch sozialpolitisch verantwortlich handelnder Partner gelten, als eine Industrie, die in einer Zeit, die von so vielen Ängsten bestimmt wird, auch positive Zukunftskonzepte beitragen und vermitteln kann. Das ist, glaube ich, nicht nur eine Vorbedingung für unseren Einfluß als großer Tarif- und Sozialpartner", sondern sei ebenfalls bedeutsam für die Unternehmen der chemischen Industrie in Hessen als Arbeitgeber.[15] Für den Arbeitgeberverband bedeutete dies, das resultierend aus der ungünstigeren Geschäftslage verschlechterte Image nun gezielt aufbessern zu müssen.

HessenChemie reagierte auf den Strukturwandel zudem mit einer verstärkten Orientierungssuche, verbunden mit einer starken Reflexion über den Verband selbst und seine Arbeit. Erste Anzeichen dieser Neuorientierung lassen sich bereits im Juli 1989 in Reaktion auf die Verkürzung der Arbeitszeit in der chemischen Industrie in diesem Jahr finden. So widmete im Juli 1989 der Vorstand eine gesamte Sitzung dem Thema „Arbeitgeberverband 2000", wobei es sich weniger um eine Krisensitzung handelte, sondern um strategische Überlegungen zur „Optimierung für die Zukunft".[16] Das Vorstandsmitglied Ludwig Georg Braun vom Unternehmen B. Braun Melsungen hielt vor der Vorstandssitzung schriftlich fest, dass aufgrund des raschen technischen Fortschritts die Arbeitszeit nach betriebswirtschaftlichen Erfordernissen einerseits und nach Arbeitnehmerinteressen andererseits neu gestaltet werde. Am Beispiel der Arbeitszeit lasse sich aber ganz generell ein weitaus größeres Phänomen festmachen: „Dieser Zeitgeist wird sich auch in der Arbeitswelt in Verhalten und Einstellung der Arbeitnehmer und Umwelt widerspiegeln. Das Individuum als Person wird aufgewertet gegenüber dem im Kollektiv gruppierten Individuum." In der Konsequenz, so Braun, werde „die Betriebs- und vor allem die Privatautonomie zu Lasten der Tarifautonomie aufgewertet."[17]

Braun hatte hier bereits im Sommer 1989 die miteinander verbundenen ökonomischen, technologischen und gesellschaftlichen Veränderungen vorweggenommen, die auf HessenChemie und die Arbeitgeberverbände in den 1990er-Jahren zukommen sollten. Für diese Veränderungen schien der starre Flächentarifvertrag nicht mehr als adäquate Lösung zu dienen. So geriet dieser in den 1990er-Jahren insgesamt, aber auch vonseiten der Mitgliedsfirmen von HessenChemie, unter Druck.[18] Denn aufgrund der ökonomisch unsicheren Situation unter international veränderten Konkurrenzbedingungen und der veränderten Bedürfnisse der Beschäftigten forderten die Arbeitgeber in den 1990er-Jahren branchenübergreifend, tarifliche Leistungen abzubauen und die Prämissen für unternehmerische Entscheidungen zu weiten, indem sogenannte Öffnungsklauseln Regelungen abseits des Flächentarifvertrags zulassen sollten. Die Kritik am Flächentarifvertrag veranlasste manche Arbeitgeber daher auch zum Austritt aus den Arbeitgeberverbänden, wenngleich HessenChemie bis 1993 noch auf steigende Zahlen der Beschäftigten seiner Mitgliedsunternehmen verweisen konnte und auch danach nur vergleichsweise wenig von Austritten betroffen war, während in den neuen Bundesländern Unternehmen den Bestimmungen des Flächentarifvertrags schlichtweg nicht nachkamen.[19] Die Chemie-Sozialpartner fanden hier neue Antworten, indem sie Flexibilisierungsregelungen entwickelten, die den Flächentarifvertrag nicht grundsätzlich infrage stellten, sondern über Öffnungsklauseln eine individuelle Passung an die einzelnen Unternehmen ermöglichten. So brachte die oben geschilderte Tarifrunde 1994 auch die von den Arbeitgebern geforderte Ausweitung des Arbeitszeitkorridors von 35 bis 40 Stunden zur Erhöhung der Flexibilität bei der Arbeitszeitgestaltung.[20] Für die Fachabteilung kunststoffverarbeitende Industrie (KVI) wurde die Arbeitszeit auf eine Spanne zwischen 34 und 40 Wochenstunden gedehnt, ausgehend von einer regelmäßigen tariflichen Wochenarbeitszeit von 38 Stunden. Damit erreichte HessenChemie das selbst gesteckte Ziel in der KVI-Tarifpolitik: die Eigenständigkeit der tariflichen Verhandlungsergebnisse zu wahren.[21]

Die Flexibilisierung der Arbeitszeit war nur der erste Schritt in Richtung einer Modernisierung der Tarifpolitik. 1998 erfolgte die Einführung des Entgeltkorridors mit der Möglichkeit der Absenkung des Tarifentgelts um bis zu zehn Prozent. Damit wurden die Nachteile des Flächentarifvertrags, namentlich vor allem sein undifferenzierter Charakter und seine allgemeinverbindliche Geltung, beseitigt, während seine Vorzüge für die Tarifpartner weiterhin galten – Vorzüge, die Rolf-Achim Eich, Geschäftsführer von HessenChemie, 1995 zusammenfasste: „Gleiche materielle Arbeitsbedingungen der Konkurrenten auf dem Arbeitsmarkt, institutionell angelegter höherer Kompromißcharakter des Flächentarifvertrages gegenüber dem Firmentarifvertrag und allen anderen Instrumenten, Parität im Verhältnis zu den starken Industriegewerkschaften und damit potentiell materielle Richtigkeitsgewähr des tariflich Vereinbarten, Friedenspflicht und darauf beruhend sichere Kalkulationsgrundlage für die Dauer der Laufzeit, eine Kalkulationsgrundlage, die für die Konkurrenten auf dem Warenmarkt gleich ist; und schließlich werden Verteilungskonflikte von den Betrieben ferngehalten und auf die Verbände verlagert."[22] Da Eich, der sich hier so eindeutig als Verfechter des Flächentarifvertrags positionierte, nur kurze Zeit darauf im Jahr 1996 als Nachfolger von Friedrichkarl Janert zum Hauptgeschäftsführer von HessenChemie bestellt wurde, war die Tarifpolitik von HessenChemie weiterhin auf ein Festhalten am Flächentarifvertrag mit Flexibilisierungspotentialen ausgerichtet.

↑ *Rainer Kumlehn (l.), IGBCE Landesbezirksleiter, und Rolf-Achim Eich (r.), Hauptgeschäftsführer von HessenChemie von 1996 bis 2004.*

Ein zweiter Reflexionsprozess wurde von HessenChemie im Jahr 1997 angestoßen. Auslöser war die Diskussion innerhalb der chemischen Industrie zur Zusammenlegung von BAVC und VCI, zu der es letztlich nicht kam. Die Zusammenlegung von wirtschaftspolitischen und sozialpolitischen Verbänden war bereits zuvor in anderen Fällen durchgeführt geworden, so zum Beispiel die Fusion der beiden hessischen Papierverbände im Jahr 1989. Diese Zusammenlegung betraf HessenChemie unmittelbar: Der hessische Arbeitgeberverband Chemie hatte gemeinsame Wurzeln mit dem Arbeitgeberverband Papier und war organisatorisch eng mit ihm verbunden. Denn Unternehmen der Papier- und Pappenindustrie hatten einst den hessischen Arbeitgeberverband Chemie mitgegründet, bis sie schließlich aus diesem ausgetreten waren und sich 1951 in einem eigenständigen Verband organisiert hatten. Trotz des Austritts oblag HessenChemie seitdem weiterhin die Geschäftsführung des Papierverbands. Auch nach der Fusion übte der hessische Arbeitgeberverband Chemie diese Funktion für den nunmehr einzigen Verband der hessischen Papier- und Pappenindustrie aus.[23]

Der Vorgang, Verbände zusammenzulegen, um Synergieeffekte zu erzielen, war HessenChemie daher gut bekannt; im Fall der Diskussion über eine mögliche Fusion von

Präsidenten des BAVC seit 1949

Hervorgehoben sind Vertreter von hessischen Unternehmen[24]

Zeitraum	Präsident	Funktion im Unternehmen
1949	**Dr. Edgar Jörg**	**Hauptverwaltung Zellstoffabrik Waldhof, Wiesbaden; zugleich Vorsitzender des hessischen Chemie-Arbeitgeberverbandes**
1949 - 1951	Dr. Franz Greiß	Geschäftsführender Direktor Glanzstoff-Courtaulds Köln
1951 - 1960	Fritz Faubel	Personaldirektor Bayerwerk Uerdingen
1960 - 1965	**Heinz Scherf**	**Vorstandsmitglied Degussa Frankfurt/M.**
1965 - 1978	**Otto Esser**	**Persönlich haftender Gesellschafter Merck Darmstadt**
1978 - 1983	**Erhard Bouillon**	**Arbeitsdirektor und Vorstandsmitglied Hoechst Frankfurt/M.**
1983 - 1985	Dr. Wolfgang Jentzsch	Arbeitsdirektor und stellvertretender Vorstandsvorsitzender BASF Ludwigshafen
1985 - 1990	Dr. Dieter Schlemmer	Persönlich haftender geschäftsführender Gesellschafter Henkel Düsseldorf
1990 - 1994	**Justus Mische**	**Arbeitsdirektor und Vorstandsmitglied Hoechst Frankfurt/M.**
1994 - 1996	Prof. Dr. Klaus Kleine-Weischede	Arbeitsdirektor und Vorstandsmitglied Bayer Leverkusen
1996 - 1997	**Ludwig Georg Braun**	**Vorstandsvorsitzender Braun Melsungen**
1997 - 2001	**Paul Coenen**	**Arbeitsdirektor und Vorstandsmitglied Degussa-Hüls**
2001 - 2005	Dr. Rüdiger Erckel	Geschäftsführer Boehringer Ingelheim
2005 - 2013	Dr. h. c. Eggert Voscherau	Arbeitsdirektor und stellvertretender Vorstandsvorsitzender BASF Ludwigshafen, 2009 - 2014 Aufsichtsratsvorsitzender der BASF SE
2013 - 2017	Margret Suckale	Arbeitsdirektorin und Vorstandsmitglied BASF SE Ludwigshafen
2017 - heute	**Dr. Kai Beckmann**	**Mitglied der Geschäftsleitung Merck Darmstadt**

Paul Coenen, Vorstandsvorsitzender von HessenChemie von 1995 bis 1998.

BAVC und VCI jedoch sah der Vorstand von HessenChemie auch die grundsätzlichen Fragen berührt, wie die Zukunft der Verbände aussehen würde und welche Erwartungen Unternehmen an Verbände vor dem Hintergrund künftiger ökonomischer Bedingungen haben würden.[25] Hier mag auch deshalb eine Dringlichkeit zum Nachdenken entstanden sein, da der Verband statt 274 Mitgliedsfirmen mit 122 000 Beschäftigten im Jahr 1993 vier Jahre später nur noch 254 Mitgliedsfirmen mit 102 000 Beschäftigten zählte.[26]

Um Fragen nach der Zukunft der Verbände und den Erwartungen ihrer Mitglieder zu ergründen, stieß der HessenChemie-Vorstand unter dem Vorsitzenden Paul Coenen (Degussa) im April 1997 einen Denkprozess an. Zur Unterfütterung dieses Prozesses wurde eine Studie in Auftrag gegeben. Unter dem Titel „Die deutsche Chemie am Ende des Industriezeitalters" führte der Autor Christian Lutz im Frühjahr 1999 die damals aktuellen Entwicklungen aus und leitete daraus „Veränderungstendenzen" ab, um Szenarien für die Rolle der Chemie-Interessensverbände in der Zukunft zu entwerfen. Lutz schlug daher eine Strategie- und Organisationsentwicklung vor.[27] Die Ergebnisse der Studie wurden sowohl im Vorstand von HessenChemie unter Karl-Hans Caprano (Technoform Caprano + Brunnhofer), der 1998 den Vorstandsvorsitz von Paul Coenen nach dessen Wahl zum Vorsitzenden des BAVC übernommen hatte, als

Karl-Hans Caprano, Vorstandsvorsitzender von HessenChemie von 1998 bis 2013.

auch auf der Mitgliederversammlung im Frühjahr 2000 diskutiert.

Während HessenChemie über seine zukünftige Ausrichtung nachdachte, erlebte die Branche einen Strukturwandel auf Unternehmensebene im Fall des Weltkonzerns Hoechst AG. Unter dem Vorstandsvorsitzenden Jürgen Dormann wurden seit 1994 die einzelnen Sparten des Konzerns abgespalten und verkauft. 1999 bestand die Hoechst AG schließlich fast nur noch aus dem Pharmageschäft und wurde mit Rhône-Poulenc SA zu Aventis SA fusioniert, die 2004 von der Sanofi-Synthélabo übernommen wurde, wonach das Unternehmen unter Sanofi-Aventis SA firmierte. Für HessenChemie hatte die Aufspaltung von Hoechst im Wesentlichen zwei Konsequenzen. Zum einen änderte sich die Mitgliederstruktur und das bis dahin sehr große und innerhalb des hessischen Arbeitgeberverbandes, aber auch darüber hinaus, einflussreiche Unternehmen wurde durch mehrere kleinere Unternehmen ersetzt. Während Hoechst wegen seiner Größe eine eigene Rechtsabteilung unterhalten hatte, war dies bei vielen der Nachfolgeunternehmen nicht der Fall. Entsprechend stieg der Beratungsaufwand in rechtlichen Fragen durch HessenChemie nach 1994 deutlich an. Ebenso nahmen die für seine Mitgliedsunternehmen geführten Arbeitsgerichtsprozesse zu.[28]

Die zweite Konsequenz bestand in der Auseinandersetzung mit der Frage, wie mit Unternehmensteilen der ehemaligen Hoechst AG umgegangen werden sollte, die im engeren Sinne zwar nicht zur Chemieindustrie

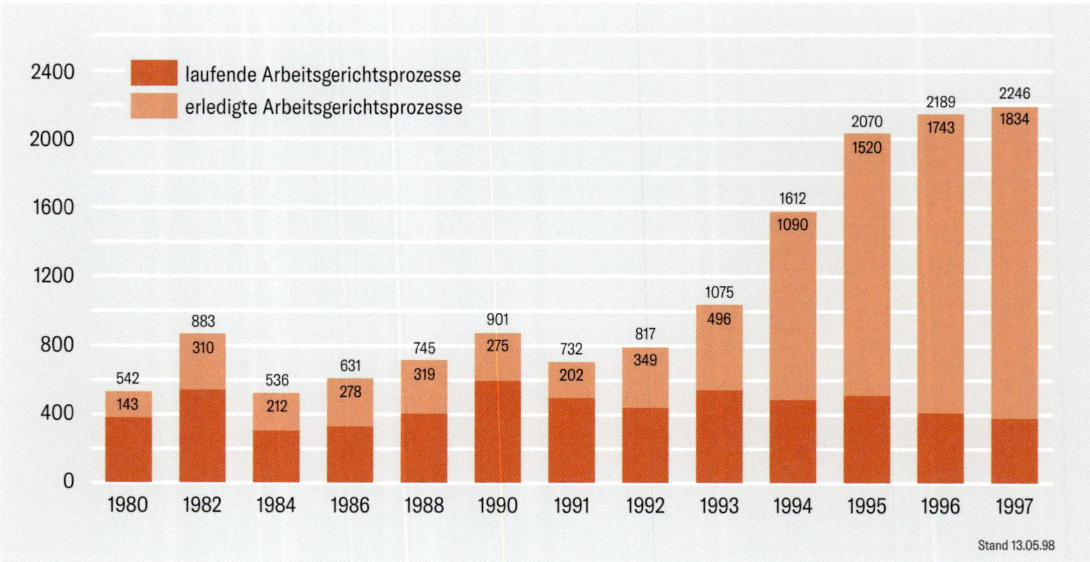

Entwicklung der von HessenChemie für Mitgliedsunternehmen übernommenen Arbeitsgerichtsprozesse von 1980 bis 1997.[29]

gehörten, aber durch ihre frühere Zugehörigkeit zu Hoechst in den Chemietarif fielen. Für diese chemienahen Dienstleistungsunternehmen nahm die Mitgliederversammlung 1999 eine Satzungsänderung vor, um deren Mitgliedschaft rechtlich sicherzustellen. Dies eröffnete aber durchaus auch die Möglichkeit, gegebenenfalls noch weitere Mitglieder hinzuzugewinnen.[30] Die rasche und flexible Reaktion von HessenChemie schlug sich nicht nur unmittelbar in der Mitgliederstatistik nieder, sondern war auch eine Investition in die Zukunft des Verbandes. Denn Frankfurt-Höchst blieb als Forschungs- und Produktionsstandort der Chemieindustrie bedeutsam. Im Jahr 2001 übertrafen die Investitionen aller Unternehmen im Industriepark Höchst mit 450 Millionen Euro die früheren Investitionen der Hoechst AG bei Weitem, wenngleich sich der Charakter des Standorts nun wesentlich vom früheren Traditionsunternehmen unterschied.[31]

Zusammengefasst hatte es HessenChemie in den 1990er-Jahren mit strukturellen Veränderungen in einer bisher unbekannten Dimension zu tun, zu denen noch die Auflösung des Traditionsunternehmens Hoechst kam. Dass es sich vor allem bei den gesellschaftlichen Veränderungen in Bezug auf Vorstellungen individueller Lebensgestaltung zum einen und der zunehmenden Globalisierung zum anderen nicht um vorübergehende Phänomene handelte, sondern diese vielmehr den Beginn tiefgreifender Wandlungsprozesse markierten, erfassten die damaligen Vertreter des Arbeitgeberverbandes durchaus. Um diese Veränderungen zu begreifen, stieß der hessische Arbeitgeberverband längere Reflexionsprozesse unter Einbeziehung von Experten an. Gleichzeitig reagierte HessenChemie hier gemeinsam mit den anderen Chemie-Arbeitgeberverbänden in einer pragmatischen und beweglichen Weise, indem für den Flächentarifvertrag Flexibilisierungsmöglichkeiten entwickelt wurden. Damit wurde eine betriebliche Tarifpolitik zugelassen, gegen die sich HessenChemie noch rund 20 Jahre zuvor heftig gewehrt hatte. Für die Mitgliedsunternehmen jedoch bedeutete diese tarifpolitische Wendung in Form der Flexibilisierung des Flächentarifvertrags weiterhin von dessen Stabilisierungs- und Entlastungseffekten profitieren zu können. Zugleich konnten die Unternehmen so auf die individuellen Herausforderungen reagieren, welche der verstärkte internationale Wettbewerb und die individualisierten Lebensentwürfe der Beschäftigten aufwarfen.

CHRONOLOGIE DER TARIF- UND SOZIALPOLITIK IN DER CHEMISCHEN INDUSTRIE[1]

1950er-Jahre

1950

Erste Manteltarifverhandlungen mit der Industriegewerkschaft Chemie-Papier-Keramik

1951

Rund 320 000 Beschäftigte im Bereich der Chemie-Arbeitgeberverbände, davon 75 Prozent Arbeiter und 25 Prozent Angestellte

1952

- Bildung einer Gefahrengemeinschaft des Arbeitsrings
- Inkrafttreten des Betriebsverfassungsgesetzes

1953

Abschluss eines Manteltarifvertrages für gewerbliche Arbeitnehmer in der chemischen Industrie

1954

Durchschnittlicher Bruttostundenverdienst eines Chemie-Arbeiters: DM 1,72

1955

- Bildung einer überfachlichen Schutzgemeinschaft der Arbeitgeberverbände

1956

- Einführung der Leichtlohngruppen

1957

- Abschluss eines Manteltarifvertrages für Angestellte in der chemischen Industrie
- Erste Stufe der Arbeitszeitverkürzung auf wöchentlich 45 Stunden

1959

- Abschluss eines Manteltarifvertrages für akademisch gebildete Angestellte in der chemischen Industrie

1960er-Jahre

1960

- Einführung von tariflichen Schichtzulagen
- Zweite Stufe der Arbeitszeitverkürzung auf wöchentlich 44 Stunden

1 Die Punkte der hier abgedruckten Chronologie sind weitgehend der vom BAVC angefertigten Historie „Chronologie des BAVC – 65 Jahre Tarif- und Sozialpolitik in der chemischen Industrie“ entnommen.

1961

- Rund 535 000 Beschäftigte im Bereich der Chemie-Arbeitgeberverbände
- Erstes Bundesgesetz zur Förderung der Vermögensbildung

1962

- Einführung eines dreiwöchigen tariflichen Mindesturlaubs
- Erstellung von Grundsätzen für die tarifpolitische Koordinierung

1963

- Dritte Stufe der Arbeitszeitverkürzung auf wöchentlich 42,5 Stunden

1964

- Verhältnis 65 Prozent Arbeiter zu 35 Prozent Angestellten
- Durchschnittliche Bruttomonatsverdienste der Angestellten DM 948, durchschnittliche Bruttowochenverdienste der Arbeiter DM 177

1965

- Nürnberger Abkommen: zentrale Arbeitszeit-, Urlaubs- und Lohnregelung auf Bundesebene
- Beginn einer neuen Mitbestimmungsoffensive durch den Deutschen Gewerkschaftsbund (DGB)

1966

- Einführung eines tariflichen Urlaubsgeldes

1967

- Vierte Stufe der Arbeitszeitverkürzung auf wöchentlich 41,25 Stunden

1968

- Vereinbarung eines tariflichen Rationalisierungsschutzes
- Verabschiedung von Hinweisen zum Persönlichkeitsschutz in der Betriebsordnung
- Appell zur Förderung der Vermögensbildung

1969

- Übereinkommen zur Abschaffung der Leichtlohngruppen in Stufen

1970er-Jahre

1970

- Vorlage eines Sozialpolitischen Grundsatzprogramms zur Verbesserung der Beziehungen zur Industriegewerkschaft Chemie-Papier-Keramik
- Erfolglose gewerkschaftliche Forderungen auf Abschluss von Firmentarifverträgen
- Fünfte Stufe der Arbeitszeitverkürzung auf wöchentlich 40 Stunden (in vollkontinuierlichen Betrieben auf 42 Stunden)

1971

- Erster und bisher letzter großer Arbeitskampf in der chemischen Industrie; Beendigung durch das Bonner Abkommen
- Vorlage des Grundmodells einer Sprecherregelung für leitende Angestellte
- Herausnahme der sogenannten lohnnahen Tarifmaterien aus dem Manteltarifvertrag

1972

- Verbreitung der Arbeitnehmerzeitung „aktiv“ in der chemischen Industrie
- Inkrafttreten des neuen Betriebsverfassungsgesetzes

1973

- Abschluss eines neuen Manteltarifvertrages: Vereinheitlichung der Tarifbestimmungen für gewerbliche Arbeitnehmer und Angestellte
- Gemeinsame vermögenspolitische Erklärung des Verbandes der Chemischen Industrie e. V. und des Arbeitsrings Chemie

1974

- Einführung eines vierwöchigen tariflichen Mindesturlaubs

1975

- Tarifvertrag über die Gründung des Unterstützungsvereins der chemischen Industrie (UCI) mit einem paritätisch besetzten Verwaltungsrat: damit erste gemeinsame Sozialpartner-Einrichtung

1976

- Neue Schlichtungsregelung mit einstufigem Schlichtungsverfahren
- Erhöhung des Höchsturlaubs für akademisch gebildete Angestellte auf fünf Wochen

1977

- Tarifvertrag für Jugendliche ohne Hauptschulabschluss und ausländische Jugendliche

1978

- Erhöhung des Grundurlaubs auf 22 Urlaubstage

1979

- Erhöhung des Grundurlaubs in Stufen auf sechs Wochen ab 1984, Wegfall der Lebensaltersstaffeln
- Verdienstsicherung für 50 Jahre alte Arbeitnehmer mit zehnjähriger ununterbrochener Betriebszugehörigkeit
- Urlaubsverlängerung für akademisch gebildete Angestellte ab 1983 auf sechs Wochen

1980er-Jahre

1980

- Arbeitszeitverkürzung in vollkontinuierlichen Betrieben auf 41 Wochenstunden

1981

- Aufnahme der Verhandlungen über den Entgelttarifvertrag, der die Unterschiede zwischen Arbeitern und Angestellten aufheben soll

1982

- Arbeitszeitverkürzung in vollkontinuierlichen Betrieben auf 40 Wochenstunden

1983

- Sozialpartner-Vereinbarung zu Vertrauensleutewahlen
- Einführung von Altersfreizeiten für Arbeitnehmer ab 58 Jahren

- Initiative der Chemie-Arbeitgeber zur Schaffung zusätzlicher Ausbildungsplätze; keine Anhebung der Ausbildungsvergütungen
- Umbenennung des „Arbeitsrings der Arbeitgeberverbände der Deutschen Chemischen Industrie“ in „Bundesarbeitgeberverband Chemie“ (BAVC)

1984

- Gemeinsame Erklärung der Sozialpartner zur Ausbildungsplatzsituation

1985

- Tarifvertrag über Vorruhestand und Altersteilzeitarbeit

1986

- Neugestaltung der tariflichen Verdienstsicherung für Facharbeiter mit einer zusätzlichen zweiten Stufe jeweils für Facharbeiter und für qualifizierte Facharbeiter nach zehn Tätigkeitsjahren
- Neue Ausbildungsordnungen für die naturwissenschaftlichen Berufe Chemikant, Pharmakant, Biologielaborant, Chemielaborant und Lacklaborant

1987

- Tarifvertrag über Teilzeitarbeit
- Abschluss des Bundesentgelttarifvertrages
- Vereinbarung über den paritätischen Berufsbildungsrat der chemischen Industrie
- Umweltschutzübereinkunft zwischen BAVC, IG Chemie-Papier-Keramik und VCI
- Gründung der Gesellschaft zur Information von Betriebsräten über Umweltschutz in der chemischen Industrie (GIBUCI)

1988

- Bundesentgelttarifvertrag tritt in Kraft
- BAVC und IG Chemie erhalten den Preis der Bertelsmann-Stiftung für ihr sozialpartnerschaftliches Verhältnis

1989

- Arbeitszeitverkürzung von 40 auf 39 Wochenstunden
- Tarifvertrag zur Förderung der Integration von Jugendlichen
- Sozialpartner-Vereinbarung zur Frauenförderung
- Sozialpartner-Vereinbarung zur Abgrenzung der leitenden Angestellten in der chemischen Industrie

1990er-Jahre

1990

- Vier-Punkte-Vereinbarung der Chemie-Sozialpartner zur gesamtdeutschen Entwicklung
- Gründung des Arbeitgeberverbandes Chemie und verwandter Industrien Ost (AVCO)
- Abschlüsse eines Entgelttarifvertrages, Manteltarifvertrages und eines Teilzeittarifvertrages für die Länder Brandenburg, Mecklenburg-Vorpommern, Sachsen, Sachsen-Anhalt, Thüringen und Berlin
- Sozialpartner-Vereinbarung über Betriebsratskontakte auf europäischer Ebene
- Altersfreizeiten ab dem 57. Lebensjahr

1991

- Einbeziehung des AVCO in die bundesweit geltende Schlichtungsregelung

1992

- Einschränkung der Leistungen des UCI bei Abfindungen und ab dem 57. Lebensjahr
- Veränderung der Entgeltgarantiestaffeln und -sätze im Bundesentgelttarifvertrag
- Sozialpartner-Vereinbarung zu Chancengleichheit für weibliche Fach- und Führungskräfte

1993

- Arbeitszeitverkürzung von 39 auf 37,5 Wochenstunden; Einführung eines Arbeitszeitkorridors von ± 2 Stunden; Reduzierung der Altersfreizeiten
- Wegfall der Berufsjahresstaffeln für akademisch gebildete Angestellte und Mindestjahresbezüge für diplomierte und promovierte Angestellte
- Errichtung einer Stiftung zur Förderung der Weiterbildung in der chemischen Industrie, gemeinsam finanziert von BAVC und IG Chemie (heute CSSA)

1994

- Empfehlungen zur Beschäftigungsförderung
- Tarifvertrag über reduzierte Einstellbezüge, insbesondere für Langzeitarbeitslose
- Erweiterung des Arbeitszeitkorridors auf 35—40 Wochenstunden mit einer Öffnungsklausel

1995

- Bundestarifvertrag über Jahresleistung
- Bildung Runder Tische für Arbeitsmarktfragen
- Verhältnis 47 Prozent Arbeiter zu 53 Prozent Angestellten

1996

- Solidarpakt für Standort- und Beschäftigungsförderung
- Tarifvertrag zur Förderung der Altersteilzeit
- Sozialpartner-Vereinbarung zur Gruppenarbeit in der chemischen Industrie
- Sozialpartner-Vereinbarung „Keine Drogen in der Arbeitswelt“

1997

- Neuregelung der Entgeltfortzahlung und Reduzierung der tariflichen Jahresleistung auf 95 Prozent eines tariflichen Monatsentgelts
- Sozialpartner-Vereinbarung zur Prävention arbeitsbedingter Gesundheitsgefahren
- Sozialpartner-Vereinbarung über die Freistellung von Betriebsräten für Schulungs- und Bildungsveranstaltungen
- Fusion der IG Bergbau und Energie (IG BE) mit der IG Chemie-Papier-Keramik (IG CPK) und der Gewerkschaft Leder (GL) zur Industriegewerkschaft Bergbau, Chemie, Energie (IGBCE)

1998

- Einführung des Entgeltkorridors mit der Möglichkeit der Absenkung des Tarifentgelts um bis zu zehn Prozent
- Einführung des Tarifsplittings

- Altersteilzeit auf freiwilliger Basis bis zur Dauer von zehn Jahren möglich
- Frauen stellen rund 30 Prozent aller Auszubildenden und 27 Prozent aller neu eingestellten naturwissenschaftlich-technischen Akademiker

1999

- Inkrafttreten des ersten Tarifvertrages zur Altersvorsorge: „Tarifvertrag über vermögenswirksame Leistungen und Altersvorsorge"
- Geltungsbereich des Altersteilzeittarifvertrages wird auf die ganze Bundesrepublik ausgedehnt

2000er-Jahre

2000

- Tarifbündnis 2000: Ausbau der Altersteilzeit — Ausgleich für Rentenabschläge, tarifliche Altersvorsorge aufgestockt, neue Tarifkonkurrenzklausel
- Sozialpartnerinitiative „Start in den Beruf" zur Förderung noch nicht ausbildungsreifer Jugendlicher

2001

- Neuer Tarifvertrag über Einmalzahlungen und Altersvorsorge
- Gründung des ChemiePensionsfonds
- Erste Europäische Sozialpartnerkonferenzen in Mailand und Berlin

2002

- Gründung der European Chemical Employers Group (ECEG)
- BAVC Europa-Büro in Brüssel eröffnet
- ChemiePensionsfonds als erster Pensionsfonds in Deutschland von den Aufsichtsbehörden genehmigt
- Einführung Tarifoptionsklausel Jahresleistung; erstmalig kann die Höhe einer tariflichen Leistung an den Unternehmenserfolg gekoppelt werden

2003

- Abschluss des Tarifvertrages „Zukunft durch Ausbildung", mit dem die Unternehmen ein hohes Ausbildungsplatzniveau in der Chemieindustrie garantieren
- Tarifvertrag zur Qualifizierung abgeschlossen
- Neue tarifliche Option: Langzeitkonten

2004

- Gemeinsames Bekenntnis von IGBCE und BAVC zur Nutzung des modernisierten Chemie-Flächentarifvertrages
- Aufnahme des formellen Sozialpartner-Dialoges der Chemieindustrie auf europäischer Ebene

2005

- Änderung der Regelung über vermögenswirksame Leistungen, mehr Anreize für tarifliche Altersvorsorge

2006

- BAVC und IGBCE einigen sich auf gemeinsame Grundsätze für eine chancengleiche und familienbewusste Personalpolitik, die Basis zahlreicher gemeinsamer Aktivitäten für eine bessere Vereinbarkeit von Beruf und Familie

2007

- Verlängerung des Ausbildungstarifvertrages bis 2010
- Chemie-Sozialpartner beginnen den Wittenberg-Prozess zur Stärkung der Sozialen Marktwirtschaft
- 20 Jahre GIBUCI

2008

- Abschluss eines neuartigen Tarifvertrages „Lebensarbeitszeit und Demografie" als Antwort auf die demografische Herausforderung. Der Tarifvertrag wird 2012 weiterentwickelt und ergänzt
- Ethik-Kodex der Chemie-Sozialpartner „Verantwortliches Handeln in der Sozialen Marktwirtschaft" im Beisein des Bundespräsidenten unterzeichnet

2009

Gründung der Chemie-Stiftung Sozialpartner-Akademie (CSSA)

2010er-Jahre

2010

- BAVC und IGBCE vereinbaren das „Krisen-Bündnis Chemie" als Reaktion auf die Wirtschaftskrise. Im Mittelpunkt steht die erfolgreiche Beschäftigungssicherung in der deutschen chemischen Industrie
- Verlängerung des Ausbildungstarifvertrages bis 2013

2011

- Flexibilisiertes Inkrafttreten der Tarifsteigerung
- „StartPlus" — mehr Chancen für benachteiligte Jugendliche

2012

- Weiterentwicklung des Tarifvertrages „Lebensarbeitszeit und Demografie", neues Instrument „Lebensphasenorientierte Arbeitszeitgestaltung" (RV 80)
- Schaffung des neuen Demografie-Korridors, mit dem die Arbeitszeit aus demografischen Gründen flexibilisiert werden kann

2013

- Start der gemeinsamen Nachhaltigkeitsinitiative „Chemie" von BAVC, IGBCE und VCI

2014

- Der neue Tarifvertrag „Zukunft durch Ausbildung und Berufseinstieg" bündelt das Ausbildungsengagement der Unternehmen
- BAVC und IGBCE starten die Gesundheitsinitiative „Gutes und gesundes Arbeiten in der Chemie-Branche"

2015

- BAVC, IGBCE und VCI unterstützen gemeinsam das vom Bundesministerium für Wirtschaft initiierte Bündnis „Zukunft der Industrie“

2016

- Start der gemeinsamen Einrichtung So.WIN – die „Sozialpartner-Werkstatt für Innovation und Nachhaltigkeit“
- Weiterentwicklung des Ausbildungstarifvertrages mit Programm „Pre-Start“, das die Arbeitsmarktchancen Jugendlicher mit besonderem Entwicklungsbedarf verbessert
- Sozialpartner-Vereinbarung über Arbeiten und Leben in Balance – Neue Herausforderungen in einer veränderten Arbeitswelt

2018

- BAVC und IGBCE vereinbaren die „Roadmap Arbeit 4.0“ zur Modernisierung der Arbeitsbedingungen

2019

- Careflex Chemie: Erster Tarifvertrag für eine gesamte Branche mit einer zusätzlichen tariflichen Absicherung für den Pflegefall
- Neuer Tarifvertrag „Moderne Arbeitswelt“ vereinbart

2020/2021

- BAVC und IGBCE schließen mehrere Vereinbarungen zur Bewältigung der Corona-Pandemie

2022

- „Brücken-Regelung“ in der Chemie-Tarifrunde
- BAVC und IGBCE spenden 1 Million Euro für Geflüchtete aus der Ukraine

7 NEUES JAHRTAUSEND – NEUE WEGE

Der Jahreswechsel 1999/2000, der weithin als Aufbruch in ein neues Jahrtausend verstanden wurde, war für die chemische Industrie und damit für HessenChemie nicht nur ein Ereignis zum Feiern. Phänomene des vorherigen Jahrzehnts, die Vorstand und Geschäftsführung von HessenChemie bereits Sorge bereitet hatten, manifestierten sich zu handfesten Problemen. Eine wesentliche Herausforderung bildete etwa die fortschreitende Globalisierung, aufgrund derer sich die Unternehmen in einer weltwirtschaftlich zunehmend verflochtenen Welt behaupten mussten. Vor diesem Hintergrund richteten sich auch die Mitgliedsunternehmen des Verbandes immer stärker international aus. Auf den Arbeitsmarkt wirkte sich die Globalisierung durch Standortverlagerungen ins Ausland und damit verbundene Arbeitsplatzverluste in Deutschland und gleichzeitig erhöhte Anforderungen an die Aus- und Weiterbildung der Beschäftigten aus. Die Arbeitswelt wurde von der globalen Verflechtung der Wirtschaft daher ebenso beeinflusst wie durch die zunehmende Verbreitung neuer Technologien. Hinzu kam der einsetzende demografische Wandel mit seinen zu erwartenden drastischen Folgen für den Arbeitsmarkt: Im Jahr 2003 hatte Deutschland mit 82,5 Millionen den vorläufig höchsten Bevölkerungsstand erreicht, der in den folgenden Jahren einen absteigenden Trend verzeichnete.[1]

Ökonomisch wurde die Jahrtausendwende zunächst von einem Wirtschaftsaufschwung begleitet. Doch schon im Frühjahr 2001 erlahmte die weltweite Konjunktur zusehends, unter anderem bedingt durch den Absturz der Tech-Aktien in der sogenannten Dotcom-Krise, verschiedene grassierende Tierseuchen in Europa und nicht zuletzt durch die Terroranschläge vom 11. Septem-

← *Flüssigkristall-Produktion von Merck in Asien, 2004.*

Übergabe des Tagungsbands „Flächentarifvertrag. Zukunfts- oder Auslaufmodell?" durch Karl-Hans Caprano an Dr. Rolf-Achim Eich, 1. Wiesbadener Gespräche zur Sozialpolitik 2005.

ber 2001.[2] In der hessischen Chemie gelang im Jahr 2001 noch ein Umsatzplus von 1,1 Prozent, die Beschäftigung entwickelte sich in diesem Zeitraum insgesamt stabil und verzeichnete eine leichte Zunahme von 0,5 Prozent im Jahresdurchschnitt. Doch zeigten sich die Branchenzweige hier sehr unterschiedlich, denn abgesehen von den Pharmaunternehmen, die einigermaßen unbehelligt blieben, waren die anderen Sparten durchaus von dem konjunkturellen Einbruch betroffen.[3] Diese Heterogenität stellte die Tarifpolitiker von HessenChemie in der Tarifrunde 2002 vor Herausforderungen. Verhandelt wurde in der ersten Runde regional, beginnend am 4. März 2002 in Hessen. Die Tarifeinigung auf Bundesebene vom 18. April des Jahres sah unter anderem eine Erhöhung des Entgelts um 3,3 Prozent bei einer Laufzeit von 13 Monaten vor.[4] Hauptgeschäftsführer Rolf-Achim Eich hielt in Bezug auf die Gehaltssteigerung fest, nach zwei vorhergehenden Tarifrunden mit moderaten Abschlüssen an „die Grenze des ‚Noch-Vertretbaren' gegangen" zu sein. Doch es habe sich die Sozialpartnerschaft bewährt, deren Mitglieder vor dem Hintergrund schwieriger Bedingungen zu einer Einigung gelangt seien, so Eich weiter.[5]

Auch in den Jahren nach 2002 stagnierte die wirtschaftliche Entwicklung in Deutschland zunächst, wobei vor allem der Binnenmarkt schwächelte. Die Arbeitslosenquote war von 9,4 Prozent im Jahr 2001 auf 10,5 Prozent in den Jahren 2003 und 2004 gestiegen und erreichte im Jahr 2005 mit 11,7 Prozent ihren vorläufigen Höchststand.[6] Die Lage der Pharmaindustrie wurde zusätzlich durch die Folgen politischer Entscheidungen, namentlich die Gesundheitsreform von 2004, erschwert. Am Jahresanfang 2004 stellte die chemische Industrie in Hessen im Vergleich zum Vorjahr einen Umsatzrückgang von 2,2 Prozent fest, wofür – entsprechend der gesamtwirtschaftlichen Lage – vor allem die sinkenden Inlandsumsätze verantwortlich waren.[7] Entsprechend moderat war der Tarifabschluss vom 14. März 2004, der eine Entgelterhöhung von 1,5 Prozent zuzüglich einer Pauschalzahlung für 13 Monate vorsah.

Die Regierung unter Bundeskanzler Gerhard Schröder reagierte auf die anhaltend hohe Arbeitslosigkeit und die schwierigen wirtschaftlichen Bedingungen mit der „Agenda 2010“, der größten Arbeitsmarkt- und Sozialstaatsreform der Bundesrepublik Deutschland. Ein Element war der Reformvorschlag, den in die Kritik geratenen Flächentarif per Gesetz zu flexibilisieren.[8] Dieser Vorschlag zielte nach Ansicht von Karl-Hans Caprano, dem Vorstandsvorsitzenden von HessenChemie, auf Branchen, die in dieser Hinsicht Nachholbedarf aufwiesen. Die chemische Industrie gehörte nicht dazu. Der von den Sozialpartnern der chemischen Industrie eingeschlagene Weg der Flexibilisierung der Arbeitsbedingungen war zum Zeitpunkt der Diskussion um eine gesetzliche Flexibilisierung im Jahr 2003 nämlich nicht nur normativ geregelt, sondern bereits praktisch erprobt worden. Als Beispiele hierfür können der Arbeitszeitkorridor (1993), der Entgeltkorridor (1998), das Tarifsplitting (1998), die Tarifkonkurrenzklausel (2000) und die Optionsklausel Jahresleistung (2002) gelten. Caprano äußerte sich hierzu wie folgt: „In der **chemischen und auch in der kunststoffverarbeitenden Industrie** dagegen sind die **tariflich geschaffenen Öffnungsklauseln** [Hervorhebungen im Original] durch die tarifliche und betriebliche Praxis mit Leben erfüllt worden.“[9] Hohe Bedeutung hätten dabei die Belegschaften gehabt, denn diese, so Caprano weiter, seien „zum Teil zu erheblichen Abstrichen bereit [gewesen], um einerseits die Wettbewerbsfähigkeit ihres Unternehmens sicherzustellen und andererseits damit die eigene Beschäftigung im Unternehmen, soweit das in einer Marktwirtschaft überhaupt möglich ist, durch eigenes Zutun zu garantieren.“[10] Und im Rahmen der ersten Wiesbadener Gespräche zur Sozialpolitik des Arbeitgeberverbandes HessenChemie im Jahr 2005 wunderte sich der Hauptgeschäftsführer des Arbeitgeberverbandes Axel Schack gar, dass der Anschein erweckt werde, dass es in „Deutschland nur inflexible Tarifverträge [gebe], die keinen betrieblichen Spielraum bieten“ würden.[11] Dass dies in der hessischen chemischen Industrie nicht der Fall war, war auch ein Verdienst des HessenChemie-Hauptgeschäftsführers von 1996 bis 2004, Rolf-Achim Eich, der sich für die Flexibilisierung und hier besonders für unternehmensbezogene Verbandstarifverträge starkgemacht hatte. Eich resümierte 2004 über die Heranziehung unternehmensbezogener Tariflösungen, dass „mit deren Hilfe Wettbewerbsprobleme der betroffenen Unternehmen, soweit sie ihre Ursache im Tarifbereich [hatten], gelöst werden konnten“ und dass dies zur Stabilisierung des Flächentarifvertrags beigetragen habe.[12] Auch die Bundestarifparteien BAVC und IGBCE setzten im Jahr 2004 mit ihrem gemeinsamen Bekenntnis zur Nutzung des modernisierten Flächentarifvertrages ein Signal sowohl in die Branche als auch an die Politik und sprachen sich dabei gegen gesetzliche Eingriffe aus.[13]

Ein weiteres Element der Agenda 2010 war das Gesetz zur Ausbildungsplatzabgabe, das fehlende Ausbildungsplätze negativ sanktionieren sollte. Dieses war im Mai 2004 im Bundestag verabschiedet, jedoch im Bundesrat abgelehnt worden. Auch hier waren die Chemie-Sozialpartner bereits vor dem Gesetzesentwurf für ihre Branche zu einer Lösung gelangt, indem sie 2003 den Tarifvertrag „Zukunft durch Ausbildung" schlossen.[14] Durch diese tarifliche Vereinbarung wurden Zielgrößen zum Angebot von Ausbildungsplätzen vereinbart. Es war in politischen Gesprächen auf der Grundlage des Tarifvertrages zudem gelungen, für die Branche eine Ausnahmeregelung von der Ausbildungsplatzabgabe zu erreichen. Da sich die Inhalte des Tarifvertrags bewährten, wurde er mehrfach verlängert und weiterentwickelt: Im Februar 2014 wurde der Tarifvertrag „Zukunft durch Ausbildung und Berufseinstieg" abgeschlossen, der über die Ausbildungsphase hinaus weitere mit der Ausbildung zusammenhängende Aspekte integrierte. Während also der bundesdeutsche Gesetzgeber scheiterte, gelang es den Chemie-Sozialpartnern für ihre Branche eine zukunftsweisende Lösung zu etablieren, die neben der Erhöhung der Ausbildungschancen auch der Verringerung des Fachkräftemangels dient.

Der Tarifvertrag „Zukunft durch Ausbildung und Berufseinstieg" bewährte sich auch in der Wirtschafts- und Finanzkrise 2008/09. Für die deutsche Wirtschaft bedeutete diese Krise einen dramatischen Wachstumseinbruch im Jahr 2009 von minus 4,5 Prozent, den bei Weitem stärksten Einbruch in Friedenszeiten seit der Weltwirtschaftskrise der frühen 1930er-Jahre.[15] Obwohl die hessische Chemieindustrie in den ersten beiden Monaten des Jahres 2009 einen Produktionsabsturz von fast 20 Prozent erlitt – wobei die Sparten der Grundstoff- sowie Fein- und Spezialchemie am stärksten betroffen waren – erfüllten die Mitgliedsunternehmen in Hessen die Vorgaben des Tarifvertrags „Zukunft durch Ausbildung und Berufseinstieg" und konnten somit einen Teil zur Stabilisierung des Arbeitsmarkts beitragen.[16] In dieser Krise gelang dies in Hessen als einzigem Tarifgebiet. Auch die Beschäftigung in der Chemiebranche sank in Hessen vergleichsweise gering, da die Sozialpartner „große Anstrengungen [unternahmen], um die **Belegschaft zu halten** [Hervorhebung im Original], obwohl die Nachfrage, Produktion und der Umsatz massiv eingebrochen waren", wie der hessische Arbeitgeberverband Chemie in seinem Internetblog festhielt.[17] Dass angesichts dieser Krisensituation größere Entlassungen vermieden werden konnten und im Januar 2010 nur 0,8 Prozent weniger Beschäftigte gezählt wurden als im Vorjahr zum gleichen Zeitpunkt, war ausschließlich den flexiblen Lösungen zu verdanken.[18] Die Sozialpartnerschaft mildere die Folgen der Krisen ab und die Flexibilisierung der Flächentarifverträge erweise sich als „Stabilitätsanker in der Krise", konstatierte der Vorstandsvorsitzende Karl-Hans Caprano. Das zeigte im Ganzen, dass die seit den 1990er-Jahren getroffenen tarifpolitischen Entscheidungen die Voraus-

Japanische Delegation informiert sich bei HessenChemie über das duale Ausbildungssystem, 2006.

setzungen für Reaktionsmöglichkeiten auf damals noch nicht abzusehende Entwicklungen geschaffen hatten.

Während sich die eingeschlagenen Wege in der Tarifpolitik daher bewährt hatten, ging HessenChemie in Bezug auf Verbandsorganisation und Leistungsangebot gänzlich neue Wege. Ausgehend von einer Vorstandssitzung im April 2002, in der die „Erarbeitung einer Verbandsstrategie" beschlossen wurde, begann im Jahr 2003 ein strategischer Veränderungsprozess unter dem Titel „HessenChemie^{2005plus}".[19] Die Konzeption und Durchführung lag bei einer Berner Beratung, auf Verbandsseite bildete sich eine Projektgruppe mit Vertretern des Hauptausschusses und Vorstands von HessenChemie.[20] Angehöriger dieser Projektgruppe war auch BAVC-Geschäftsführer Axel Schack, der als Verbindungsglied zum Bundesarbeitgeberverband Chemie fungieren sollte. Schack wechselte im Laufe des Prozesses zunächst als Geschäftsführer in den hessischen Arbeitgeberverband und wurde am 1. Januar 2005 neuer Hauptgeschäftsführer des Verbandes, nachdem Eich in den Ruhestand trat.

Ihren Ausgang nahm die Entwicklung der neuen Strategie für den Arbeitgeberverband durch eine Mitgliederbefragung im Dezember 2002, die Aussagen zu den Leistungen von HessenChemie erhob. In der Folge entstand die von der Mitgliederversammlung 2004 beschlossene Verbandsstrategie HessenChemie^{2005plus}, in der unter anderem Umfeld, Zielsetzung, Aufgaben und Kunden des Arbeitgeberverbandes beschrieben wurden. Dabei wurde der Dienstleistungscharakter des Verbandes herausgestellt und Kriterien für die Ausübung dieser Dienstleistungen wurden definiert: Synchronisierung mit sich verändernden Mitgliederbedürfnissen, ein hohes Niveau an Expertentum, die gezielte Nutzung der in HessenChemie gesammelten Erfahrung und des Know-hows sowie die Heranziehung moderner Technologien, ohne den Blick für die Verwendung der Mittel der Mitglieder zu verlieren. Nicht nur in der Verbandsstrategie ließen sich nun Bemühungen feststellen, den Verband unternehmerischer zu führen, seine Funktionsweise auch unter Markt- und Konkurrenzbedingungen zu sehen und sein Produkt „Dienstleistungen" zu schärfen und zu optimieren. Auch die Tarifpolitik wurde in die Kategorie der Dienstleistungen eingeordnet, wenngleich aufgrund der in der Verbandsstrategie formulierten Zielsetzung von HessenChemie, nämlich der „Schaffung und Erhaltung wettbewerbsfähiger Arbeits- und Wirtschaftsbedingungen für die Mitgliedsunternehmen" der tarifpolitische Auftrag als Kern des Arbeitgeberverbandes nicht angetastet wurde. Dies deckte sich auch mit der Wahrnehmung der Mitglieder, die in der Mitgliederbefragung die Tarifpolitik und den Abschluss von Tarifverträgen als bedeutendste Verbandsaufgabe benannt hatten.[21]

Ein weiterer Punkt der Mitgliederbefragung widmete sich der Rolle und dem Nutzen der Öffentlichkeitsarbeit. Hier gab es durchaus noch Luft nach oben, denn die Pressearbeit war von 30 Prozent der Befragten als weniger bedeutend, von drei Prozent gar als unbedeutend eingeschätzt worden. Geschäftsführung und Vorstand von HessenChemie fokussierten sich bei der Interpretation der Ergebnisse auf die über 70 Prozent, die die Pressearbeit als sehr bedeutend (20 Prozent) oder bedeutend (54 Prozent) eingeschätzt hatten und bestimmten, rasch Entscheidungen für dieses zu diesem Zeitpunkt weitgehend brach liegende Arbeitsfeld zu treffen.[22] Dieser Entschluss knüpfte an die Forderung des Vorstands aus dem Herbst 2002 an, den Zustand der aktuellen Öffentlichkeitsarbeit grundlegend zu verbessern. Hierfür sollte die vakante Stelle des Referenten bzw. der Referentin für Presse- und Öffentlichkeitsarbeit wieder besetzt werden.[23] Der im September für diese Position eingestellte Jürgen Funk entwickelte das auf den 1. April 2004 datierte Kommunikationskonzept, welches in der Folge umgesetzt wurde. Als Reaktion auf die unbefriedigenden Ergebnisse der Mitgliederumfrage in Bezug auf die wahrgenommene „Progressivität" und „Zukunftsfähigkeit" des Verbandes, setzte Funk zunächst auf die Veränderung des Erscheinungsbilds von HessenChemie. Hierfür wurde ein neues Corporate Design entwickelt, das die Kommunikationsmittel von HessenChemie in ihrem Erscheinungsbild modernisierte und vereinheitlichte. Das neue Logo

Internationaler Deutscher PR-Preis, Kategorie Verbände, verliehen an HessenChemie im Jahr 2010.

(HC+) sollte mit dem Pluszeichen die Mitgliedschaft nicht nur der chemischen Industrie, sondern auch die der „verwandten Industrien" abbilden und darüber hinaus ein Symbol für das erweiterte Dienstleistungsangebot des Verbandes darstellen. Auch der Internetauftritt wurde neu gestaltet.[24] Ein öffentlichkeitswirksamer Teil des Kommunikationskonzepts mit inhaltlichem Mehrwert waren die von Frühjahr 2005 an stattfindenden „Wiesbadener Gespräche zur Sozialpolitik". Die Veranstaltungsreihe rückte und rückt noch immer Themen des Arbeitgeberverbandes in Gesprächen mit ausgewiesenen Experten in den Fokus der Öffentlichkeit. Die begleitend herausgegebene Buchreihe versammelt die Beiträge der Gespräche; einige der darin erschienenen Aufsätze fanden Eingang in weitere Forschung und Literatur zur Sozialpolitik.[25]

Die Restrukturierung des Verbandes umfasste auch die Änderung der Satzung, die auf der Jahresmitgliederversammlung vom 15. Mai 2007 beschlossen wurde. Caprano hatte anlässlich der Satzungsänderung 2007 erklärt: „Diese Satzung stellt einen weiteren wichtigen Baustein für die Zukunftsfähigkeit unseres Verbandes dar. In der Hoffnung auf Ihre Unterstützung möchte ich daher mit einem deutschen Sprichwort enden: ‚Zukunft ist nicht zufällig. Machen wir uns so viel Zukunft wie möglich.'"[26] Eine der durch die Satzungsänderung ermöglichten zentralen Neuerungen war die Öffnung für eine Verbandsmitgliedschaft ohne Tarifbindung. Diese Öffnung war eine unmittelbare Reaktion auf die größer werdende Konkurrenz der sogenannten OT-Verbände, also Verbänden von Unternehmen ohne Tarifbindung, für deren Mitgliedsunternehmen die Flächentarifbindung nicht galt. Die nicht tarifgebundenen Mitglieder von HessenChemie sollten den übrigen Mitgliedern zwar gleichgestellt sein, jedoch nicht an der tarifpolitischen Willensbildung partizipieren. Damit der Kern des Arbeitgeberverbandes als Tarif-Trägerverband gewahrt würde, sollte die Zahl der Mitglieder mit Tarifbindung stets überwiegen.[27] Bis zum heutigen Tage hat der OT-Bereich bei HessenChemie eine zahlenmäßig nachrangige Bedeutung, auch weil der flexible Flächentarifvertrag weiterhin eine hohe Bindungswirkung entfaltet. Im Zuge der Satzungsänderung wurde zudem der Geltungsbereich auf die Nano- und Bio-

↑ *Gemeinsames Verbandsgebäude von BAVC und HessenChemie in der Abraham-Lincoln-Straße, Wiesbaden, 2000er-Jahre.*

technologie ausgeweitet, um hier die Entwicklungen innerhalb der Branche abzubilden.

Im Rahmen der Verbandsreform wurde eine Vielzahl weiterer Veränderungen auf organisatorischer, infrastruktureller und personeller Ebene auf den Weg gebracht sowie neue Dienstleistungen, wie die arbeitswissenschaftliche Begleitung, die Demografie-Beratung oder Europa-Arbeit, entwickelt und etabliert.[28] Nicht ganz reibungslos vonstatten ging die Umstrukturierung der Betreuung der insgesamt 120 süd- und nordhessischen Mitgliedsfirmen mit 42000 Beschäftigten.[29] Diese Mitglieder waren bereits seit den 1940er-Jahren in Bezirksgruppen eingeteilt, die von anderen Arbeitgeberverbänden der Metallbranche betreut wurden, indem sie die arbeitsrechtliche Beratung und Prozessvertretung für den Chemie-Arbeitgeberverband übernahmen.[30] Die Zusammenarbeit mit den Bezirksgruppen in Darmstadt, Kassel und Hanau wurde beendet und im Jahr 2005 durch eigene Regionalbüros in Kassel und Darmstadt ersetzt. Während die Überführung der Mitgliederbetreuung der Bezirksgruppe Hanau in den Verband keine Schwierigkeiten machte, fiel die Reaktion einiger nord- und südhessischen Unternehmen anders aus: Sie kündigten ihre Mitgliedschaft im Verband. Ein Teil dieser Unternehmen konnte später zurückgewonnen werden.[31]

Auf der Jahresmitgliederversammlung 2010 zog Caprano ein positives Resümee, dass es durch die Verbandsstrategie gelungen sei, Lösungen für sich ständig verändernde Bedingungen finden zu können, wobei er vor allem auf die demografischen und arbeitswissenschaftlichen Dienstleistungen von HessenChemie verwies.[32] Auch von außen wurden die Anstrengungen des Verbandes hinsichtlich seiner Modernisierung und der Anpassung an eine sich wandelnde Umwelt wahrgenommen und honoriert. So wurde HessenChemie von der Deutschen Gesellschaft für Verbandsmanagement (DGVM) zum „Verband des Jahres 2010" gekürt.

Für HessenChemie brachte das erste Jahrzehnt des neuen Jahrtausends die bis dahin stärksten Umbrüche in seiner Verbandsorganisation. Dem nur annähernd vergleichbar in der bisherigen Geschichte des Verbandes waren die Bemühungen zu Anfang der 1970er-Jahre, als sich der Verband nach dem Streik 1971 ebenfalls über eine Satzungsänderung sowie über personelle und organisatorische Veränderungen neu aufstellte. In den 2000er-Jahren stand HessenChemie unter einem ungleich größeren Druck: Die schwächelnde Akzeptanz des Flächentarifvertrags verringerte die Attraktivität einer Mitgliedschaft im Arbeitgeberverband, woraus im Fall von HessenChemie die Verbesserung und Verbreiterung des Dienstleistungsangebots resultierte. Entgegen anders lautender Befürchtungen konnte der hohe Bindungsgrad im Flächentarifvertrag bei HessenChemie jedoch erhalten werden und wurde sogar durch einige Neueintritte weiter ausgebaut. Gleichwohl bewegte sich der Arbeitgeberverband seitdem im Spannungsfeld zwischen der Bewahrung seines Kerns als Tarifträgerverband und der Identität als Lobby- und Dienstleistungsorganisation.

Vorstandssitzung im Verbandsgebäude in der Abraham-Lincoln-Straße 2010, zu Gast der Hessische Minister der Justiz, für Integration und Europa, Jörg-Uwe Hahn, Hessens Europa-Staatssekretärin Nicola Beer sowie der Leiter der hessischen Landesvertretung in Brüssel, Friedrich von Heusinger (v. l. n. r.: Thomas Wedekind, Hartmut G. Erlinghagen, Ulf Bialojahn, Karl-Hans Caprano, Dr. Axel Schack, Jörg-Uwe Hahn, Friedrich von Heusinger, Nicola Beer, Dr. Gregor Wehner, Prof. Dr. Heinz-Walter Große, Joachim Schwind).

HessenChemie
HessenChemie
Sinnvolle Verbindungen

8 BRANCHE IM UMBRUCH

Die Folgen der Finanz- und Wirtschaftskrise seit 2008 blieben für die chemische Industrie ebenso wie für die gesamtdeutsche Wirtschaft noch lange spürbar. Zwar erholte sich die chemische Industrie in Hessen seit 2010 recht schnell, doch den Zustand von vor der Krise hatte man noch nicht erreicht. In einer Umfrage des Verbandes zu Beginn des Jahres 2011 rechneten 40 Prozent der Mitgliedsunternehmen zunächst damit, dass das Vorkrisenniveau 2012 oder später erreicht werden würde.[1] Dabei war 2012 noch eine recht optimistische Annahme, denn erst drei Jahre später, 2015, gelangte die „klassische" Chemie in Hessen bei den Produktionswerten tatsächlich zurück auf das Niveau von vor der Krise.[2]

Aufgrund der weltweiten Finanz- und Wirtschaftskrise befanden sich die Tarifparteien in der chemisch-pharmazeutischen Industrie in einem Stresstest, konnten aber auch in dieser Situation einen fairen Kompromiss erzielen. Der „Krisenabschluss" im Jahr 2010 wurde vereinbart, um insbesondere die Beschäftigung zu sichern und die Unternehmen nicht zusätzlich zu belasten. Der Abschluss sah vor, die Entgelttabelle für elf Monate unverändert wieder in Kraft zu setzen. Die Chemiebeschäftigten erhielten eine Einmalzahlung in Höhe von 550 Euro. Schichtarbeitnehmer erhielten eine erhöhte Einmalzahlung, die zudem flexibilisiert wurde: Arbeitgeber und Betriebsräte konnten sie aus wirtschaftlichen Gründen per Betriebsvereinbarung verschieben oder auf bis zu 300 Euro kürzen. Mitarbeiter und Mitarbeiterinnen in Unternehmen, die nicht wesentlich von der Krise betroffen waren, erhielten einen zusätzlichen Einmalbetrag in Höhe von 200 Euro.

Auch in diesem Zeitraum richtete sich die Arbeit des Vorstands und der Geschäftsführung wieder einmal auf gegenwärtige und zukünftige strukturelle Entwicklungen von Gesellschaft und Wirtschaft und die Frage,

← *Richtfest von HessenChemie zum Neubau des Verbandsgebäudes in der Murnaustraße, November 2012.*

wie HessenChemie auf diese reagieren könne. Nach 23 Jahren Vorstandstätigkeit, davon 15 Jahre als Vorsitzender, hatte Karl-Hans Caprano sein Amt an Hartmut G. Erlinghagen (Merz) übergeben, der auf der Mitgliederversammlung 2013 zum Vorsitzenden des Vorstands gewählt wurde. In dessen Amtszeit sollten einerseits der Einzug in das neue Verbandsgebäude und die Konsolidierung der Finanzen, aber auch der Wechsel in der Hauptgeschäftsführung fallen.

Insbesondere die Auswirkungen des Megatrends Demografie auf die Tarifpolitik wirkten in den Folgejahren nach. Der von den Chemie-Arbeitgebern bereits Anfang der 2000er-Jahre als eine der „neuen Herausforderungen" beschriebene demografische Wandel war im Tarifvertrag „Lebensarbeitszeit und Demografie" vom 16. April 2008 aufgegriffen worden. Der Rückgang der Geburtenraten hatte starke Auswirkungen auf die Beschäftigungssituation in den Unternehmen, da der Pool an potentiellen Arbeitnehmern schrumpfte. Mit dem Tarifvertrag „Lebensarbeitszeit und Demografie" versuchten die Sozialpartner daher, Anreize zu setzen, um Arbeitnehmer und Arbeitnehmerinnen länger in ihren Unternehmen zu beschäftigen. Dazu gehörten Maßnahmen, um das Arbeiten für Ältere zu erleichtern und gesundheitsfreundlicher zu gestalten. Ein sogenannter Demografiebetrag von 300 Euro pro Jahr und Tarifbeschäftigtem bzw. Tarifbeschäftigter ab dem 1. Januar 2010 konnte seitdem für verschiedene Instrumente zur Vereinbarung von Alter und Arbeit verwendet werden. Diese Instrumente umfassen Langzeitkonten, Altersteilzeit, Teilrente, Berufsunfähigkeitsschutz und tarifliche Altersvorsorge, die auch untereinander kombinierbar sind. Über die Verwendung sollte innerhalb des Betriebes gemeinsam mit den Betriebsräten entschieden und eine freiwillige Betriebsvereinbarung abgefasst werden. In der Tarifrunde 2012 wurde ein zusätzlicher Demografiebetrag von 200 Euro pro Beschäftigtem und Jahr beschlossen, der aber im Gegensatz zum ersten Betrag Tariferhöhungen nicht berücksichtigen sollte.[3] Mit dem ebenfalls 2012 eingeführten „Modell RV 80" wurde eine lebensphasenorientierte Gestaltung eingeführt, mit der Arbeitnehmer ab 55 Jahren ihre Arbeitszeit auf 80 Prozent reduzieren und die Beschäftigten ihre Arbeitszeit je nach Lebensphase flexibilisieren konnten.

Mit der im Tarifvertrag des Jahres 2008 festgeschriebenen Demografieanalyse wurde die demografische Lage in den Unternehmen flächendeckend erhoben und beurteilt. So entstand auf betrieblicher Ebene eine Grundlage zur Unterstützung einer strategischen Personalplanung. Zugleich lief Ende 2009 der Chemietarifvertrag zur Förderung der Altersteilzeit aus, nachdem bereits die Altersteilzeitförderung vonseiten des Staates ausgelaufen war. Mit dieser Zäsur wurde die in der Chemiebranche lange ausgeprägte Vorruhestandspolitik beendet. Die Chemieindustrie hatte seit Mitte der 1980er-Jahre attraktive Angebote für den Vorruhestand und die Altersteilzeit geschaffen, die mit dem Ende des Tarifvertrags zur Förderung der Altersteilzeit

↑ *Sozialpartnerwerkstatt für Innovation und Nachhaltigkeit (So.WIN), November 2019 (v. l. n. r.: Osman Ulusoy, IGBCE Hessen-Thüringen; Jürgen Funk, HessenChemie; Francesco Grioli, IGBCE Hauptvorstand Hannover; Dirk Meyer, HessenChemie; Staatssekretär Dr. Philipp Nimmermann, Hessisches Ministerium für Wirtschaft, Energie, Verkehr und Wohnen; Dr. Frank Martin, Regionaldirektion Hessen der Bundesagentur für Arbeit).*

nicht mehr zur Verfügung standen. Altersteilzeit war zwar weiterhin ein Wahlinstrument bei der Verwendung des Demografiebetrags, insgesamt wurden dort, und im Anschlussvertrag von 2012, aber vermehrt Anreize gesetzt, die statt komfortabler Lösungen zur Verkürzung der Arbeitszeit auf flexible Übergänge in die Verrentung setzten.[4]

HessenChemie hatte den Anspruch, sich intensiv an der Vorbereitung, den Tarifverhandlungen selbst sowie der Nachbereitung und Umsetzung der ausgehandelten Ergebnisse zu beteiligen. Zur Meinungsbildung als Vorbereitung der Tarifverhandlungen war der Verband insofern gefragt, als dass auf Basis einer Wirtschaftsumfrage sowie Umfragen zu Sonderthemen auf quantitativer Ebene Informationen erhoben und in Gesprächen mit Vertretern und Vertreterinnen der Mitgliedsunternehmen die hessische Lage erfasst werden musste, um die Ergebnisse in die Positionierung und Argumentation für anstehende Tarifgespräche einzubringen. Hier bestand für den Verband eine wesentliche Herausforderung darin, die Heterogenität seiner Mitglieder abzubilden. In der tarifpolitischen Arbeit waren die ehrenamtlichen Vertreter aus den Mitgliedsunternehmen zum einen durch ihren Einsatz in der seit Beginn der Geschichte des Verbandes bestehenden eigenen Tarifkommission aktiv und darüber hinaus durch die Abordnung in Gremien des BAVC eingebunden. Gerade in einem Fall wie dem Tarifvertrag „Lebensarbeitszeit und Demografie" von 2008 zeigte sich aber auch eine weitere bedeutende Funktion der regionalen Arbeitgeberverbände. Denn ein komplexer Tarifvertrag mit mehreren Wahlmöglichkeiten erforderte zur Umsetzung eine umfassende Beratungsleistung durch die Mitarbeiter und Mitarbeiterinnen des Verbandes.

Die Gestalter der Arbeitswelt, namentlich die Arbeitgeberverbände und Gewerkschaften, mussten sich seit Mitte der 1990er-Jahre auf eine erhöhte Komplexität einstellen. Dies zeigte sich besonders im Vergleich mit Tarifverträgen der frühen Bundesrepublik, die in einer vergleichsweise berechenbaren und statischen Arbeitswelt geschlossen worden waren – wenngleich diese von den Zeitgenossen gewiss nicht zwangsläufig als so kalkulierbar wahrgenommen worden war. Denn nun brachen sich in der Gesellschaft kollektiv entstandene und getragene Bedürfnisse nach individueller Lebenszeitgestaltung und teilweise damit verbundener Verkürzung der Arbeitszeit Bahn, auf die die Sozialpartner reagieren mussten – und dies in einer ohnehin durch den demografischen Wandel herausfordernden Beschäftigungssituation, die zudem weiteren Entwicklungen wie der Digitalisierung Rechnung tragen musste.

Die Bedeutung der Digitalisierung machte Heinz-Walter Große, Vorstandsvorsitzender von B. Braun Melsungen, der auf der Mitgliederversammlung 2017 zum neuen Vorsitzenden von HessenChemie gewählt worden war, zu einem Schwerpunktthema seiner Amtszeit. Um zunächst einen Überblick über den aktuellen Stand der Digitalisierung in der Branche zu erhalten, beauftragte der Arbeitgeberverband das Institut der deutschen Wirtschaft Köln (IW Köln) mit einer Befragung seiner Mitgliedsunternehmen. Das Ergebnis zeigte, dass die Digitalisierung in den Mitgliedsunternehmen angekommen war. Bereits 88 Prozent der Befragten befassten sich mit dem Thema; mehr als ein Drittel sogar intensiv. Die Ergebnisse wurden im Rahmen der 12. Wiesbadener Gespräche zur Sozialpolitik am 24. Oktober 2017 im Kurhaus Wiesbaden vorgestellt. Hierzu führte Große aus: „Digitalisierung ist kein kurzfristiger Trend, sondern ein Prozess kontinuierlicher Weiterentwicklung in allen Unternehmensbereichen", und weiter: „der technologische Fortschritt bietet auch neue Chancen für gute Arbeitsplätze. Hier müssen wir gemeinsam mit dem Sozialpartner immer wieder passende Lösungen finden und die richtigen Rahmenbedingungen setzen".[5]

Im Jahr 2018 trafen die Sozialpartner auf der Bundesebene den Beschluss, unter dem Programmtitel „Roadmap Arbeit 4.0" ein Gesamtsystem von Arbeitsbedingungen für die chemische Industrie zu schaffen, das kompatibel mit bestehenden Tarifverträgen sein und sich vor allem den Themen Arbeitsvolumen, Arbeitszeitsouveränität, mobiles Arbeiten und Qualifizierung widmen sollte.[6]

Wiesbadener Gespräche zur Sozialpolitik 2017: Vernetzt. Gehetzt? Wertgeschätzt! Anforderungen an die Arbeit in der digitalisierten Industrie (v. l. n. r.: Volker Weber, IGBCE Hessen-Thüringen; Dirk Meyer, HessenChemie; Dr. Norbert Lehmann, ZDF; Dr. Bettina Wolf, Regionaldirektion Hessen der Bundesagentur für Arbeit; Dr. Emmanuel Siregar, Sanofi-Aventis Deutschland; Matthias Schirrmacher, Merck).

Die konjunkturell schlechte Entwicklung im darauffolgenden Jahr begünstigte die folgenden Gespräche zwar nicht gerade, verhinderte aber nicht, dass sie in der Tarifrunde 2019 zum Abschluss des Vertrags „Moderne Arbeitswelt" führten.[7] Hier flossen sowohl die Konjunkturlage wie auch die im Zuge der Vereinbarungen zur „Roadmap Arbeit 4.0" erarbeiteten möglichen Verbesserungen der Arbeits- und Beschäftigungsbedingungen innerhalb einer modernen Arbeitswelt ein. Ausgehandelt wurden schließlich in einem Tarifpaket von 29 Monaten eine moderate Erhöhung des Entgelts, ein 100-prozentiges Weihnachtsgeld, ein Zukunftsbetrag, eine Pflegezusatzversicherung, ein Rahmen für mobiles Arbeiten und Instrumente zur Qualifizierung. Über die Verwendungsmöglichkeiten des Zukunftsbetrags entscheiden die Betriebsparteien, indem sie mindestens zwei von acht tariflich vorgegebenen Optionen bestimmen können, eine davon muss eine Zeitkomponente beinhalten.[8] Die tarifvertraglichen Lösungen sowohl bei „Demografie" als auch „Moderne Arbeitswelt" eröffnen Spielräume für die betriebliche Ausgestaltung. Dies ermöglicht zum einen die Anpassung an die betrieblichen Bedürfnisse, führt aber gleichzeitig zu erhöhtem Aufwand der betrieblichen Aushandlungen und personalpolitischen Umsetzungen. Dieses Spannungsfeld führte innerhalb des Arbeitgeberlagers auch zu kritischen Diskussionen.

Die Auswirkungen der Digitalisierung auf die Arbeitswelt beschäftigten HessenChemie nicht allein in der tariflichen Debatte, sondern auch im Hinblick auf die eigene Verbandsorganisation. Hier spielten besonders die sozialen Medien eine große Rolle, die schon 2012 so stark in das Alltagsleben und die Arbeitswelt vorgedrungen waren, dass sie die Art der Kommunikation verändert hatten und absehbar war, dass sich dieser Vorgang in Zukunft fortsetzen würde. Auf der Mitgliederversammlung 2015 ging Hartmut G. Erlinghagen insbesondere auf die veränderte Kommunikation der IGBCE ein. „Wir haben in dieser Tarifrunde gesehen, dass sich die Kommunikation verändert hat. Die Gewerkschaft hat kampagnenartig über viele Kanäle, auch über die sogenannten sozialen Netzwerke, kommuniziert. Die Folge war ein deutlich höheres Maß an Emotionalisierung, die wiederum eine stärkere Mobilisierung bewirkt hat.“[9] Unter dem Label „medialer Verband“ beabsichtigte HessenChemie daher, in Zukunft selbst verstärkt moderne Medien und Technologien zur Unterstützung der Verbandsarbeit zu nutzen. Bis dieser Prozess abgeschlossen war, dauerte es jedoch einige Zeit.[10] Verstärkten Antrieb erhielt er durch die Corona-Krise, in der digitale Angebote nicht länger Alternativen zur analogen Realität darstellten, sondern die einzige Form der Zusammenarbeit bildeten. Die Neugestaltung des Internetauftritts als vorläufiger Abschluss des Digitalisierungsprozesses von HessenChemie wurde im zweiten Quartal 2022 abgeschlossen.[11] Die im Juni 2022 erfolgte Integration einer Dialogplattform ermöglicht seither den Austausch und die Zusammenarbeit zwischen Mitarbeitern des Verbandes und Vertretern der Mitgliedsunternehmen in verbandseigenen virtuellen Netzwerken.[12]

Insofern musste sich HessenChemie den Veränderungen auch selbst stellen, was jedoch von Vorstand und Geschäftsführung durchaus gewünscht war, um aus einer erfahrenen Position heraus die Beratung und Begleitung der Mitgliedsunternehmen leisten zu können.[13] Daneben galt es für HessenChemie in den 2010er-Jahren auch auf Organisationsebene Aufgaben zu bewältigen, die nicht durch große Trends hervorgerufen waren. Seit dem Ende der 2000er-Jahre sah sich der Verband mit zunehmend drängenden Platzproblemen konfrontiert, aufgrund derer einige Abteilungen in ein Gebäude nahe des Industrieparks Kalle-Albert in der Rheingaustraße hatten ausweichen müssen. Um der Platznot Abhilfe zu schaffen und zugleich die wirtschaftlich günstigste Lösung zu finden, fiel die Entscheidung für den Kauf eines Grundstücks in der Wiesbadener Murnaustraße und den Neubau eines eigenen Gebäudes. Für den Bau wurde die Leitlinie „Wir leben Chemie“ gewählt, die sich in hochmoderner Bauweise, Materialien und Technik ausdrücken sollte.[14] Das dazu benötigte Know-how sowie die Materialien wurden so weit wie möglich von den Mitgliedsfirmen von HessenChemie zur Verfügung gestellt.[15]

Der Verband nutzte den Bau als Werbeplattform für die teilweise gerade entwickelten Errungenschaften der von ihm vertretenen Branche, um den Beitrag derselben „für energieeffizientes Bauen, moderne Energieversorgung und einen nachhaltigen Umgang mit unserer Umwelt sichtbar und erlebbar“ zu machen.[16] Nicht alle der Errungenschaften fanden jedoch später Eingang in den Markt. Das Gebäude wurde von den HessenChemie-

Beschäftigten im Juni 2013 bezogen, die Einweihung fand im Oktober desselben Jahres statt. Eine Bereicherung für die künftige Arbeit des Verbandes waren die drei Veranstaltungsräume. Dort konnte das für Mitgliedsunternehmen exklusive Seminarangebot, das seit 2012 unter der Marke „HessenChemie Akademie" gebündelt worden war, nun in den eigenen Räumlichkeiten stattfinden.[17]

Mit dem Umzug 2013 fiel eine Reorganisation des Verbandes in finanzieller wie personeller Hinsicht zusammen.[18] Bereits ein Jahr zuvor, 2012, war innerhalb von HessenChemie aufgrund der verschlechterten Kapitalmarktsituation ein Konsolidierungsprozess des Haushalts eingeleitet worden, der unter anderem 2016 zur Schließung des Regionalbüros in Darmstadt und der Eingliederung der dortigen Beschäftigten in die Geschäftsstelle in Wiesbaden führte.[19] Um Kosten einzusparen, wurde 2014 in diesem Zuge auch das Ende des Bezugs der Wirtschaftszeitschrift „aktiv" beschlossen. Die von HessenChemie und anderen Arbeitgeberverbänden finanzierte Zeitung, die noch heute vom IW Medien, Köln, publiziert wird, war seit ihrer Gründung 1972 bedeutender Teil der Kommunikationsstrategie gegen-

↑ *Das neue Verbandsgebäude von HessenChemie in der Wiesbadener Murnaustraße, 2013.*

über der Zielgruppe der Beschäftigten in den Mitgliedsunternehmen gewesen. Doch nicht nur die hohen Kosten wurden als Argument zur Beendigung des Bezugs herangezogen, sondern auch die Unmöglichkeit, mit „aktiv" eine dialogorientierte Kommunikation mit den Mitgliedern zu erreichen, wie sie vor dem Hintergrund der veränderten Verbandskommunikation angestrebt wurde.[20]

Kurze Zeit nach dem Umzug der Geschäftsstelle kam es auch auf Leitungsebene des Verbandes zu einer Veränderung, als Axel Schack 2015 als Hauptgeschäftsführer ausschied. In der Zeit, in der die Hauptgeschäftsführerposition vakant war, übernahmen Geschäftsführerin Nora Hummel-Lindner und Geschäftsführer Jürgen Funk die Aufgaben kommissarisch. Zudem wirkte hier der Vorstandsvorsitzende Harmut G. Erlinghagen als „active chairman", wie sich sein Nachfolger als Vorsitzender des Vorstands von HessenChemie, Heinz-Walter Große, erinnerte.[21]

Schließlich konnte Dirk Meyer zum 1. März 2016 als neuer Hauptgeschäftsführer eingestellt werden, der weitreichende Erfahrungen aus seiner Tätigkeit als Geschäftsführer beim BAVC mitbrachte.[22] Dort hatte er vor seinem Wechsel zu HessenChemie die Ressorts Bildung, Wirtschaft und Arbeitsmarkt geleitet. Eine seiner ersten Handlungen war es, den Wiedereintritt in die Vereinigung hessischer Unternehmerverbände (VhU), die Dachorganisation der Arbeitgeber- und Wirtschaftsverbände in Hessen, zum 1. Januar 2017 voranzutreiben.[23] HessenChemie war hier 2010 ausgetreten, da man seinerzeit das Verhältnis zwischen den Vorteilen der Mitgliedschaft und dem zu erbringenden finanziellen sowie personellen Aufwand nicht länger als günstig bewertete.[24] Nach dem Wiedereintritt übernahm HessenChemie die regionale VhU-Geschäftsstelle Wiesbaden-Rheingau-Taunus, die der Verband bereits vor seinem Austritt geführt hatte.[25] Der Wiedereintritt in die VhU war nur ein Schritt unter vielen unter Meyers Leitung, um die Zusammenarbeit des hessischen Arbeitgeberverbandes mit anderen wichtigen Organisationen und auch mit der Gewerkschaft auf Landesebene zu stärken.

Vermutlich war die Zusammenarbeit von Organisationen einzelner Bereiche zu diesem Zeitpunkt so wichtig wie nie zuvor in der Geschichte von HessenChemie, da sich nur auf diese Weise die zunehmend verflochteneren Probleme angehen ließen. Im Rahmen seines Berichtes auf der Mitgliederversammlung am 17. Juni 2016 zitierte der Vorstandsvorsitzende Hartmut G. Erlinghagen aus der damals vorgestellten BAVC-Strategie 2025, um die Notwendigkeit der engen Zusammenarbeit herauszustellen: „Nur wenn die Chemie-Arbeitgeber über eine schlagkräftige politische Interessenvertretung verfügen, können sie die gesellschaftliche Debatte und die Rahmenbedingungen für ihre Unternehmen mitgestalten." Dies müsse im Schulterschluss und in der Zusammenarbeit mit allen BAVC-Mitgliedsverbänden erfolgen. Erlinghagen begrüßte diese Zielsetzung des Bundesverbandes und sagte diesem die Unterstützung von HessenChemie zu.

Verleihung des Nachhaltigkeitspreises für junge Menschen mit dem Schirmherrn Tarek Al-Wazir, Hessischer Minister für Wirtschaft, Energie, Verkehr und Wohnen und den Partnern von Chemie³ in Offenbach, 2019.

Ausdruck einer Zusammenarbeit mehrerer Organisationen auf Bundesebene war auch die schon 2013 gestartete Nachhaltigkeitsinitiative „Chemie³", die als strategisches Leitbild für die Chemiebranche das Ziel verfolgte, „ökonomische, ökologische und soziale Anforderungen in Einklang zu bringen".[26] Hierunter wurden zwölf Leitlinien zum Thema Nachhaltigkeit gefasst, die die Chemie-Sozialpartner gemeinsam mit dem VCI erarbeitet hatten. Vor allem mittelständische Unternehmen sollten hiervon mittels Praxishilfen etwa zum Lieferkettenmanagement oder zur Nachhaltigkeitsberichtserstattung profitieren, da sie vielfach kein eigenes Personal für die Bearbeitung dieser Themen anstellen konnten.[27]

Auch an der Nachhaltigkeitsinitiative zeigten sich die veränderten Problemstellungen. Bereits seit den 1980er-Jahren hatten sich die Sozialpartner dem Umweltschutz gewidmet und dazu 1987 die „Gesellschaft zur Information von Betriebsräten über Umweltschutz in der chemischen Industrie" (GIBUCI) gegründet. HessenChemie hatte hierzu gemeinsam mit dem IGBCE-Landesbezirk Hessen-Thüringen eigene GIBUCI-Seminare angeboten, die später unter der Bezeichnung „So.WIN" (Sozialpartner-Werkstatt für Innovation und Nachhaltigkeit) weitergeführt wurden. Hier wurden zunächst Themen des Umweltwissens und -rechts vermittelt und später wurde das Angebot um sozialpolitische Themen erweitert. In der Überführung dieser bereits bestehenden Bemühungen in die Dachmarke „Chemie³" spiegelte sich der Versuch wider, eine ganzheitliche Perspektive einzunehmen und ökonomische, ökologische und soziale Handlungsfelder zu verbinden. Es zeigte sich hier, dass die komplexer werdenden Herausforderungen andere Antworten erforderten.

2021 führte Vorstandsvorsitzender Oliver Coenenberg durch die digitale Mitgliederversammlung.

Dass die an der Zukunft orientierte Ausrichtung jedoch ihre Grenzen hat, erfuhr die chemische Industrie und damit auch HessenChemie mit dem Ausbruch der Corona-Pandemie im Frühjahr 2020. Die erste Folge der Pandemie, der Lockdown, musste in kürzester Zeit sowohl im Verband selbst wie auch in den Unternehmen bewältigt werden. Wie Dirk Meyer resümierte, gelang es auf Verbandsebene rasch, sich flexibel an die neuen digitalen Arbeitsweisen zu gewöhnen. Ebenso konnte auf Unternehmensseite die Produktion aufrechterhalten werden.[28] Die Gremiensitzungen von HessenChemie wurden nunmehr digital abgehalten, ebenso auch der Wahlvorgang, der den nächsten Wechsel an der Spitze des Verbandes einläutete: Im Rahmen der ersten virtuellen Mitgliederversammlung am 18. Juni 2020 wurde Oliver Coenenberg, Geschäftsführer Personal und Organisation sowie Arbeitsdirektor bei der Sanofi-Aventis Deutschland, zum neuen Vorsitzenden gewählt.[29] In Hinsicht auf das Angebot der HessenChemie Akademie gelang es über die Online-Formate, die Reichweite zu erhöhen. Darüber hinaus war der Verband bei Ad-hoc-Angeboten sehr gefragt, die etwa neue, erst durch die Pandemie aufgekommene Rechtsfragen – wie beispielsweise zum Infektionsschutzgesetz – beantworteten.

Die wirtschaftlichen Folgen der Corona-Krise machten sich zunächst in einem Rückgang der Umsätze der „klassischen" Chemie in Hessen bis Ende September 2020 um

7,6 Prozent auf 11,1 Milliarden Euro bemerkbar. Dagegen stieg der Umsatz der pharmazeutischen Industrie um 5,8 Prozent. Während die Beschäftigung in beiden Bereichen stabil blieb bzw. stabil gehalten werden konnte, wirkte sich die Corona-Pandemie rasch auf die Ausbildungssituation im Jahr 2020 aus, die vor dem Hintergrund der ohnehin angespannten demografischen Lage von der Branche und dem Arbeitgeberverband mit besonderer Sorge beobachtet wurde.[30]

Oliver Coenenberg stellte in seinem Bericht des Vorstands am 18. Mai 2021 die Rolle der chemisch-pharmazeutischen Industrie in der Pandemie als Problemlöser heraus. Darüber hinaus betonte er die Handlungsfähigkeit der Chemie-Sozialpartner in der Krise. Gemeinsam sei es gelungen, sehr schnell Maßnahmen zu vereinbaren, um Unternehmen zu entlasten, Beschäftigung zu sichern und das Infektionsrisiko in den Betrieben zu reduzieren.[31] Und zur Rolle der Branche für die Gesell-

Mitgliederversammlung 2022 endlich wieder in Präsenz. (v. l. n. r. Dirk Meyer, Hauptgeschäftsführer; Prof. Dr. Heinz-Walter Große, ehem. Vorstandsvorsitzender; Oliver Coenenberg, amtierender Vorstandsvorsitzender; Bettina Buschhoff, 1. Stellvertretende Vorsitzende sowie Gastredner Wolf Matthias Mang, Präsident der Vereinigung hessischer Unternehmerverbände).

schaft fasste Coenenberg ein Jahr später, am 14. Juni 2022, zusammen: „Wir haben uns als starke Partner und relevante Treiber gezeigt. Vor allem bei der Forschung und Produktion von Impfstoffen, aber auch im Engagement für die Gemeinschaft zum Beispiel durch die Unterstützung der Impfkampagne durch unsere Betriebsärzte."[32]

Nachdem sich 2021 die wirtschaftliche Situation der Mitgliedsunternehmen von HessenChemie zunächst verbessert hatte, war die Branche – wie die gesamte deutsche Wirtschaft – von weiteren Folgen der Corona-Pandemie betroffen, namentlich Lieferkettenproblemen, erhöhten Energie- und Rohstoffkosten und Preissteigerungen.[33] Mit dem Beginn des Kriegs in der Ukraine am 24. Februar 2022 wurden diese Probleme noch weiter verschärft. Damit traten zu den langfristigen Herausforderungen wie der zunehmenden Bedeutung des Klimawandels und der Energiewende weitere Krisen hinzu, die als Katalysatoren der bekannten Probleme wirkten und zugleich neue Schwierigkeiten hervorbrachten.

In der Tarifrunde 2022, die kurz nach dem Angriff Russlands auf die Ukraine stattfand, reagierten die Chemie-Sozialpartner auf die zahlreichen Unsicherheiten und Herausforderungen für die Unternehmen und Beschäftigten, indem sie im April 2022 eine sogenannte Brückenregelung vereinbarten. Demnach sollten die Verhandlungen erst im Oktober 2022 fortgeführt und zur Überbrückung eine Einmalzahlung von 1400 Euro ausgezahlt werden, deren Höhe für bestimmte Fälle jedoch auch reduziert werden konnte. Der „Brückenvertrag" beinhaltete, neben weiteren Elementen, auch die Auflage eines neuen Programms des Unterstützungsvereins der chemischen Industrie (UCI). Unter dem Titel „AusbildungPlus" können über zwei Jahre junge Menschen, die aufgrund der Corona-Pandemie mit Lernrückständen zu kämpfen haben, gefördert werden.[34]

Wie das Kapitel zeigt, erhielten während der 2010er-Jahre bekannte Herausforderungen neue Dringlichkeit, während überdies neue Probleme hinzutraten. Insbesondere die Transformation der Branche zur klimaneutralen Produktion ist bereits als historische Herausforderung zu bewerten.

Die Gemengelage aus notwendiger Transformation und aktuellen Krisen führt dazu, dass sich die Chemiebranche im Jahr 2022 mitten in einer Umbruchphase befindet, deren Ausgang nicht abzusehen ist. In der Vergangenheit hat die chemisch-pharmazeutische Industrie ihre Innovationsfähigkeit immer wieder unter Beweis stellen müssen, um im internationalen Wettbewerb zu bestehen. Es ist jedoch nicht auszuschließen, dass die Veränderungen für Wirtschaft und Gesellschaft in Deutschland auch das Verhältnis der Sozialpartner erneut herausfordern werden. Mehr als je zuvor sind daher diejenigen Akteure gefragt, die Arbeit gestalten, namentlich die Gewerkschaften und Arbeitgeberverbände. In den letzten 75 Jahren haben sie bewiesen, dass sie die jeweiligen Themen angenommen und die Arbeitsbeziehungen und -bedingungen entsprechend angepasst haben.

INTERVIEW MIT DIRK MEYER,
HAUPTGESCHÄFTSFÜHRER VON HESSENCHEMIE

Dirk Meyer ist seit dem 1. März 2016 Hauptgeschäftsführer von HessenChemie. Zuvor war Meyer lange beim BAVC tätig, zuletzt als Geschäftsführer. Im Gespräch mit Johanna Steinfeld im März 2022 blickt er auf die Geschichte des hessischen Arbeitgeberverbandes, spricht über sein eigenes persönliches Handeln und wagt einen Blick in die Zukunft.

Der Arbeitgeberverband HessenChemie wird am 28. November 2022 75 Jahre alt. Was verbindet HessenChemie mit diesem Jubiläum?

DM: Wir sind zunächst einmal stolz und dankbar, dass wir 75 Jahre HessenChemie feiern dürfen. Es ist eine gute Gelegenheit, um rückwärts zu blicken, verbunden mit dem Auftrag, vorwärts zu denken. Ein Jubiläum von 75 Jahren verdeutlicht, dass wir auf Traditionen aufbauen können, die wir mit Modernität verknüpfen wollen, um weiterhin ein leistungsstarker Verband für unsere Mitglieder zu sein.

Zum 75-jährigen Jubiläum hat HessenChemie seine Geschichte in einer wissenschaftlichen Studie aufarbeiten lassen. Was sind die Gründe dafür?

DM: Wir wollen die Meilensteine seit Verbandsgründung festhalten, in der wirtschaftlichen und sozialpolitischen Entwicklung unserer Branche, im Zusammenspiel mit der Gewerkschaft und bei der Gestaltung der Arbeitsbedingungen. Dabei gilt es auch die ehrenamtlichen Unternehmerpersönlichkeiten und hauptamtlichen Verbandsakteure von HessenChemie zu benennen und zu würdigen, die über lange Jahre und Jahrzehnte prägend waren für diesen Arbeitgeberverband. Die Gegenwart fußt zu großen Teilen auf den Entscheidungen der Vergangenheit. Unser Auftrag heute besteht darin, für die Zukunft auch weiterhin die richtigen Weichenstellungen vorzunehmen.

Welchen Wert hat die eigene Geschichte für HessenChemie?

DM: Es ist lehrreich, sich mit den historischen Entwicklungslinien zu befassen, weil es die Möglichkeit bietet, den Status quo kritisch zu hinterfragen und notwendige Schlüsse für Veränderungen zu ziehen. Dies ist im Verband immer wieder geschehen.

HessenChemie zeigte sich in der Geschichte wandelbar und flexibel. Das scheint dem typischen Bild eines Verbandes zu widersprechen. Wie erklären Sie sich diesen Widerspruch?

DM: Ich kann nur die Vermutung anstellen, warum ein vermeintlich antiquiertes Image von Verbänden bestehen mag. Wir sind ein Arbeitgeberverband, der auch von seinen Regularien lebt. Formalien, Gremienstrukturen, Abläufe – das ist für manche etwas Tradiertes, aber für mich ist es etwas Notwendiges, denn es sorgt für Stabilität und Verlässlichkeit. Das ist allein daran zu erkennen, dass unser Satzungszweck unverändert gültig ist, uns bis in die Gegenwart getragen hat und uns auch in die Zukunft tragen wird.
Aber das tatsächliche Verbandsleben ist ein ganz anderes: Wir begleiten unsere Mitglieder jeden Tag in deren Arbeit, wir beraten, wir informieren, wir verhandeln für unsere Mitglieder und legen dabei eine hohe Geschwindigkeit und Flexibilität an den Tag. Wir haben das Privileg, für eine zukunftsgerichtete, innovative Branche arbeiten zu dürfen – und daraus erwächst unser eigener Anspruch: Wir müssen so innovativ, so schnell, so flexibel sein, wie es unsere Mitgliedsunternehmen in ihrem eigenen unternehmerischen Handeln sind.

Das erinnert an organisationstheoretische Vorstellungen, nach denen bestimmte organisatorische Festlegungen auch entlastend sein können und damit erst die Bedingungen schaffen, gerade wegen fixierter Regelungen Freiheiten für andere Handlungen zu schaffen.

DM: Ja, wir haben einen stabilen Routinemodus, der über die Regularien funktioniert. Dies ermöglicht uns, die Energie in das Neue, in das Unbekannte zu lenken.

HessenChemie beweist in seiner Geschichte einen kritischen Blick auf sich selbst. Ist das eine Besonderheit unter den Arbeitgeberverbänden oder Teil ihrer Identität?

DM: Ob das typisch nur für diesen Verband ist, weiß ich nicht. Der Blick auf uns selbst resultiert immer auch aus dem – berechtigt – kritischen Blick unserer Mitglieder auf ihren Verband. Das ist ein gutes Ansporn- und Spannungsverhältnis, sodass wir uns stets hinterfragen, wo können wir selbst noch einen Beitrag leisten. Dabei profitieren wir direkt von der Expertise und dem Engagement der vielen ehrenamtlichen Vertreterinnen und Vertreter aus den Unternehmen.

Blicken wir nun auf die Zeit Ihrer Hauptgeschäftsführertätigkeit: Welche Entwicklungen würden Sie für die letzten Jahre Ihrer Tätigkeit als besonders bedeutsam herausstellen?

DM: Ein wichtiger erster Schritt war, dass wir als HessenChemie wieder in die Vereinigung der hessischen Unternehmerverbände eingetreten sind. Dies stärkt die Interessenvertretung für unsere Mitgliedsunternehmen gegenüber der Politik. Insgesamt haben wir die politische Kommunikation auf Landes-, Bundes- und Europaebene im Zusammenspiel mit unserem Verbändenetzwerk ausgebaut. Ich sehe gesellschafts- und arbeitspolitisch einige Entwicklungen, die noch andauern. Beispielsweise haben die Chemie-Sozialpartner auf Bundesebene 2018 den Dialogprozess Work@Industry 4.0 etabliert. Dabei geht es um die Frage nach der Arbeit der Zukunft: Wie werden wir arbeiten? Wie verändert sich die Arbeitswelt? Und was bedeuten diese Veränderungen für die Arbeitsbedingungen und die Arbeitsbeziehungen? Hierfür haben wir auch bei HessenChemie erste Antworten entwickelt, genauso wie gegen den zunehmenden Fachkräftemangel. Bei unseren Wiesbadener Gesprächen zur Sozialpolitik im Jahr 2019 standen deshalb „Neue Wege der Fachkräftesicherung" im Mittelpunkt. Im Nachgang dazu wurden mit dem „Ausbildungsradar" und „Fachkräfteradar" neue Angebote für unsere Mitglieder aufgelegt. Mit der IGBCE Hessen-Thüringen führen wir jährliche Sozialpartner-Workshops durch, zuletzt zum Thema Inklusion. Mobiles Arbeiten und Digitalisierung haben seit 2020 nochmals einen ganz eigenen Schub erfahren.

Das leitet zum aktuellen Thema Corona über. Wie hat die Corona-Krise den Verband und seine Arbeit beeinflusst?

DM: Unsere Branche hat das Corona-Management gut bewältigt. Der Schutz der Belegschaften und das Aufrechterhalten der Produktion ist uns gelungen. In vielen Bereichen ist unsere Branche auch versorgungsrelevant für den Gesundheitsmarkt gewesen, nicht nur allein bei der immens wichtigen Impfstoffproduktion. Auch im Verband mussten wir uns aus Anlass der Pandemie teils neu erfinden; und hier bin ich wirklich stolz auf alle Mitarbeiterinnen und Mitarbeiter im Hause, weil wir in kürzester Zeit neue Online-Formate und Praxishilfen etabliert haben und dauerhaft für die Unternehmen verfügbar waren, um über die neuesten Verordnungen zu informieren und die Unternehmen mit unseren Einschätzungen zu beliefern. In dieser Phase waren wir so operativ wirksam für die Unternehmen wie selten zuvor.
Aber auch die Sozialpartnerschaft hat in dieser Situation sehr gut funktioniert. Mit einer hohen Geschwindigkeit haben die Betriebsparteien die notwendigen Betriebsvereinbarungen im Kontext „Pandemie" und „Mobiles Arbeiten" angepackt, um die Gesundheit zu schützen und den Betrieb am Laufen zu halten.

Lassen Sie uns zum Schluss die gegenwärtige Perspektive einnehmen: Was zeichnet den Arbeitgeberverband HessenChemie in der heutigen Zeit aus? Sie haben schon darüber gesprochen, dass er stark geprägt ist durch die Entscheidungs- und Handlungslogiken seiner Mitglieder, und darüber hinaus, dass er von einer besonderen Flexibilität gekennzeichnet ist. Würden Sie dem noch etwas hinzufügen?

DM: Der Verband ist heute dienstleistungsorientierter und digitaler als früher. Wir organisieren als Plattform verschiedene Veranstaltungen und bieten etwa 90 Seminare jährlich im Rahmen unserer HessenChemie Akademie an. Dies sind Formate, die notwendig sind, um zeitgemäß zu agieren und den Kundenbedürfnissen gerecht zu werden. Der Kernbereich des Verbandes besteht jedoch weiterhin darin, dass wir ein Tarifträgerverband sind und uns über die Tarifbindung und die Tarifmitgliedschaft definieren. Hier verfügen wir in unserer Branche über ein stabiles Fundament, sprich einen flexiblen, anpassungsfähigen Flächentarifvertrag. Heute besteht aber ein Spannungsfeld zwischen wettbewerbsfähigen Arbeitskosten und einfachen, schlanken Tarifregelungen einerseits sowie komplexeren Umsetzungen, verbunden zum Beispiel mit dem Wunsch nach mehr Freizeitkomponenten andererseits. Dieser Konflikt ist zuletzt gewachsen und wird uns als Tarifparteien weiter fordern. Als gemeinsame Aufgabe der Sozialpartner sehe ich hingegen den Schutz der Tarifautonomie gegenüber staatlichen Eingriffen.

Welche Fragen werden für den Verband in den nächsten Jahren von Relevanz sein? Mit welchen Herausforderungen rechnen Sie?
DM: Wir befinden uns mitten in der Transformation unserer Branche hin zur klimaneutralen Produktion, und die damit verbundenen Herausforderungen wären schon historische Aufgabe genug. Daneben haben wir jetzt mit den Folgen der Demografie zu kämpfen und stehen hier im Wettstreit mit anderen Branchen um die noch vorhandenen Arbeitskräfte. Darüber hinaus müssen wir die aktuellen Krisen bewältigen, denn die Pandemie und vor allem der Krieg in Europa beeinträchtigen die Lieferketten und verteuern Energie und Rohstoffe. In dieser Phase benötigen wir mehr unternehmerische Freiheit und weniger Regulierung, und hierfür werden wir unsere Stimme einsetzen.

Welche Wunschvorstellung haben Sie, wenn Sie an HessenChemie in 25 Jahren denken?
DM: Mein allererster Wunsch für ein 100-jähriges Jubiläum bei HessenChemie ist, dass wir im Verband auch zu diesem Zeitpunkt weiterhin auf viele Mitglieder bauen dürfen, die erfolgreich in Hessen wirtschaftlich tätig sind. Die zentrale Frage ist: Gelingt die Transformation? Wenn ja, und davon gehe ich aus, wird es auch in Zukunft einen starken Chemie- und Pharmastandort geben. Unter diesen Voraussetzungen ist auch weiterhin ein gut aufgestellter Arbeitgeberverband gefragt, der die Arbeitsbedingungen mit der Gewerkschaft aushandelt und die Mitgliedsunternehmen in arbeits- und sozialrechtlichen Fragen berät und vertritt.

→ *Dirk Meyer im Interview mit Dr. Johanna Steinfeld, März 2022.*

Anhang

Bildnachweis

Adobe Stock / pressmaster: Cover Vorderseite

AKG images: Cover Rückseite, 11, 15, 20, 66

Archiv der sozialen Demokratie der Friedrich-Ebert-Stiftung: 27 (ADSD-3289-1513-822)

Evonik Industries AG, Konzernarchiv Hanau: 8, 16, 22, 23, 26, 36, 39, 41, 48, 50, 56, 58, 59, 65, 70

HessenChemie Archiv: 4, 7, 10, 18, 19, 29, 61, 62, 73, 75, 88, 91, 93, 94, 95, 96, 99, 101, 103, 105, 106, 107, 113

Hoechst GmbH, Firmenarchiv: 24, 32, 34, 35, 68

Institut für Stadtgeschichte Frankfurt am Main: 48 (Best. S7Z Nr. 1971—167, Hans Rempfer)

Merck-Archiv: 37 (Y01-00551-003), 42 (Y01-04747-003), 44 (Y01-03861-004; Y01-pro-807), 46 (Y01-pro-640), 47 (Y01-02034), 48 (Y01-04718-004; Y01-04733-005), 54 (Y01-19215), 86 (Y01-25147)

Archive

Engelhard Arzneimittel Archiv, Niederdorfelden

HessenChemie Archiv, Wiesbaden

Hessisches Hauptstaatsarchiv, Wiesbaden

Quellen- und Literaturverzeichnis

Werner Abelshauser, Sisyphos und Phönix. Zur Entwicklung des Bergbaus und der chemischen Industrie in beiden deutschen Staaten, in: Klaus Tenfelde (Hg.), Ein neues Band der Solidarität. Chemie — Bergbau — Leder. Industriearbeiter und Gewerkschaften in Deutschland seit dem Zweiten Weltkrieg, Hannover 1997, 145—165.

Ahlener Programm der CDU der britischen Zone vom 3.2.1947, www.kas.de/de/einzeltitel/-/content/das-ahlener-programm-der-cdu-der-britischen-zone-vom-3.-februar-1947, letzter Aufruf: 2.2.2022.

Ulrich von Alemann, Organisierte Interessen in der Bundesrepublik Deutschland, Wiesbaden 1989.

Sven Astheimer u. a., „Die Agenda 2010 — eine Bilanz", in: Frankfurter Allgemeine Zeitung, 13.3.2013, www.faz.net/aktuell/wirtschaft/wirtschaftspolitik/10-jahre-danach-die-agenda-2010-eine-bilanz-12112119.html?printPagedArticle=true#pageIndex_2, letzter Aufruf: 20.5.2022.

Ernst Bäumler, Ein Jahrhundert Chemie, Düsseldorf 1963.

Reinhard Bahnmüller/Reinhard Bispinck/Anni Weiler, Tarifpolitik und Lohnbildung in Deutschland am Beispiel ausgewählter Wirtschaftszweige, WSI-Diskussionspapier (1999) 79, Düsseldorf: Wirtschafts- und Sozialwissenschaftliches Institut in der Hans-Böckler-Stiftung, nbn-resolving.org/urn:nbn:de:0168-ssoar-234337, letzter Aufruf: 1.4.2022.

BAVC, Historie, www.bavc.de/ueber-uns/historie, letzter Aufruf: 2.7.2022.

BAVC, Roadmap Arbeit 4.0: Interview mit Petra Lindemann, 26.9.2019, https://www.bavc.de/aktuelles/1884-roadmap-arbeit-4-0-interview-mit-petra-lindemann, letzter Aufruf: 30.7.2022.

BAVC, Sozialpartnerschaft, das Chemie-Markenzeichen, www.bavc.de/ueber-uns/sozialpartnerschaft, letzter Aufruf: 14.4.2022.

BAVC, Pressemitteilung: Tarifrunde #Chemie22: Brücken-Regelung vereinbart, 5.4.2022, www.bavc.de/service/pressemitteilungen/2144-pi-05-04-22, letzter Aufruf: 5.7.2022.

Benedikt Bender, Politisch-ökonomische Konfliktlinien im sich wandelnden Wohlfahrtsstaat. Positionierung deutscher Interessenverbände von 2000 bis 2014, Wiesbaden 2020.

Wolfgang Bergem, „Stunde Null" und „Achtundsechzig" als Gründungsmythen der deutschen Nachkriegsdemokratie, in: Yves Bizeul/Stephanie Wodianka (Hg.), Mythos und Tabula rasa. Narrationen und Denkformen der totalen Auslöschung und des absoluten Neuanfangs, Bielefeld 2018, 125–140.

Klaus Bertelsmann, Aussperrung. Eine Untersuchung ihrer Zulässigkeit unter besonderer Berücksichtigung ihrer geschichtlichen Entwicklung und Handhabung in der Praxis, Berlin 1979.

Peter Birke, Wilde Streiks im Wirtschaftswunder. Arbeitskämpfe, Gewerkschaften und soziale Bewegungen in der Bundesrepublik und Dänemark, Frankfurt am Main/New York 2007.

Reinhard Bispinck/WSI-Tarifarchiv, Tarifpolitischer Jahresbericht 2002: Harte Verteilungskonflikte. Tarifreformen in einzelnen Branchen, Düsseldorf 2003, www.boeckler.de/pdf/p_ta_jb_2002_text.pdf, letzter Aufruf: 22.5.2022.

Reinhard Bispinck, 60 Jahre Tarifvertragsgesetz – Stationen der Tarifpolitik von 1949 bis 2009, in: Ders./Thorsten Schulten (Hg.), Zukunft der Tarifautonomie. 60 Jahre Tarifvertragsgesetz. Bilanz und Ausblick, Hamburg 2010, 20–35.

Werner Bührer, Unternehmensverbände und Staat in Deutschland, in: APuZ 15–16 (2006), 17–24.

Bundeszentrale für politische Bildung, Arbeitslose und Arbeitslosenquote, 25.3.2022, www.bpb.de/kurz-knapp/zahlen-und-fakten/soziale-situation-in-deutschland/61718/arbeitslose-und-arbeitslosenquote/, letzter Aufruf: 10.5.2022.

Detlev Brunner, Die Gewerkschaften im vereinten Deutschland, in: Mitbestimmung (2020) 1, 39–41.

Andrea-Hilla Carl/Anna Krehnke, Geschlechterdiskriminierung bei der betrieblichen Grundentgeltfindung. Positionen und Perspektiven von Management, Betriebsrat und Beschäftigten, Wiesbaden 2004.

Chemische Werke Albert (Hg.), 100 Jahre Chemische Werke Albert: 1858–1958, Wiesbaden-Biebrich 1958.

Destatis, Registrierte Arbeitslose und Arbeitslosenquote nach Gebietsstand, www.destatis.de/DE/Themen/Wirtschaft/Konjunkturindikatoren/Lange-Reihen/Arbeitsmarkt/lrarb003ga.html, letzter Aufruf: 1.5.2022.

Destatis, Verdienste und Verdienstunterschiede, www.destatis.de/DE/Themen/Arbeit/Verdienste/Verdienste-Verdienstunterschiede/Tabellen/liste-bruttomonatsverdienste.html, letzter Aufruf: 15.4.2022.

Deutsches Institut für Wirtschaftsforschung e.V., Pressemitteilung: Grundlinien der Wirtschaftsentwicklung 2002/2003. Weltwirtschaft in der Krise, 8.1.2002, www.diw.de/de/diw_01.c.10247.de/grundlinien_der_wirtschaftsentwicklung_2002/2003_br_weltwirtschaft_in_der_krise.html, letzter Aufruf: 5.5.2022.

Rolf-Achim Eich, Tarifverträge und Sozialpartnerbeziehungen am Beispiel der chemischen Industrie, in: Neue Zeitschrift für Arbeitsrecht (1995) 4, 149–155.

Gottlieb Förster, Stabilisierung des Flächentarifvertrags durch Flexibilisierung – Tarifpolitische Konzepte und Erfahrungen der IG BCE, in: Reinhard Bispinck (Hg.), Verteilungskämpfe und Modernisierung – Aktuelle Entwicklungen in der Tarifpolitik, Hamburg 2008, 151–158.

Frankfurter Allgemeine Zeitung, darin:

Ohne Verfasser, „Hessische Exporte erneut gestiegen", 18.12.1959, 16.

Ohne Verfasser, „Ein Arbeitskampf um Grundsätze", 22.11.1968, 19.

Ohne Verfasser, „Aussperrungsgerede", 26.11.1968, 15.

Ohne Verfasser, „Streik bei Correcta beendet", 30.11.1968, 20.

Ohne Verfasser, „Warnstreik bei Cassella", 3.6.1971, 25.

Ohne Verfasser, „IG Chemie will ‚Kleinkrieg' verschärfen", 19.6.1971, 4.

Ohne Verfasser, „Die chemische Industrie will die Fabriktore offen halten", 22.6.1971, 1.

Jürgen Funk, Wirtschaftskrise: mit Vertrauen und Kooperation, 25.8.2015, in: HessenChemie-Blog, hessenchemie-blog.de/nachhaltigkeit/wirtschaftskrise-mit-vertrauen-und-kooperation, letzter Aufruf: 10.5.2022.

Richard Giesen, Tarifvertragliche Rechtsgestaltung für den Betrieb. Gegenstand und Reichweite betrieblicher und betriebsverfassungsrechtlicher Tarifnormen, Tübingen 2002.

Lena Heidemann, Das Recht auf Bildungsfreistellung, in: Hessische Blätter für Volksbildung 72 (2022), 32–42, DOI: http://doi.org/10.3278/HBV2201W004, letzter Aufruf: 1.5.2022.

Meinhard Heinze, Bundesarbeitgeberverband Chemie – 50 Jahre im Dienste der Sozialpolitik für die chemische Industrie, in: Bundesarbeitgeberverband Chemie e.V (Hg.), Perspektiven. 50 Jahre Tarif- und Sozialpolitik in der Chemie, Heidelberg 1999, 7–28.

Ulrich Herbert, Wer waren die Nationalsozialisten?, München 2021.

HessenChemie, Pressemitteilung: Tarifpartner in der Chemie brauchen und wollen keine gesetzlichen Öffnungsklauseln/1. Wiesbadener Gespräche über die Zukunft des Flächentarifvertrages, 29.3.2005, www.verbaende.com/news/pressemitteilung/tarifpartner-inder-chemie-brauchen-und-wollen-keine-gesetzliche-oeffnungsklauseln-1-wiesbadener-gespraeche-ueber-die-zukunft-des-flaechentarifvertrages-30656, letzter Aufruf: 30.5.2022.

HessenChemie, Pressemitteilung: In Hessen startet die Chemie-Tarifrunde. Arbeitgeber weisen Forderung der Gewerkschaft als überzogen zurück und warnen vor „Euphorie-Falle", 14.02.2011, www.verbaende.com/news/pressemitteilung/in-hessen-startet-die-chemie-tarifrunde-arbeitgeber-weisen-forderung-der-gewerkschaft-als-ueberzogen-zurueck-und-warnen-vor-euphorie-falle-75138/, letzter Aufruf: 28.5.2022.

HessenChemie, Pressemitteilung: Dirk Meyer wird neuer Hauptgeschäftsführer der HessenChemie, 16.10.2015, www.verbaende.com/news/pressemitteilung/dirk-meyer-wird-neuer-hauptgeschaeftsfuehrer-der-hessenchemie-106392/, letzter Aufruf: 1.6.2022.

HessenChemie, Pressemitteilung: Chemie erreicht Vorkrisenniveau – Pharmageschäft trübt sich ein, 5.11.2015, www.verbaende.com/news/pressemitteilung/chemie-erreicht-vorkrisenniveau-pharmageschaeft-truebt-sich-ein-106790/, letzter Aufruf: 1.6.2022.

Hans Günter Hockerts, Sozialpolitische Reformbestrebungen in der frühen Bundesrepublik. Zur Sozialreform-Diskussion und Rentengesetzgebung 1953–1957, in: Vierteljahrshefte für Zeitgeschichte 25 (1977), 341–372.

IG Chemie-Papier-Keramik (Hg.), 100 Jahre Industriegewerkschaft Chemie-Papier-Keramik, 1890–1990, Leitung und Bearbeitung von Hermann Weber, Köln 1990.

Infraserv Höchst, Standortbetrieb Industriepark Höchst, www.infraserv.com/de/referenzen/industriepark-hoechst/#, letzter Aufruf: 25.4.2022.

Initiative Chemie³, Leitfaden SDG-Navigator für Unternehmen der chemischen Industrie, www.chemiehoch3.de/fileadmin/user_upload/Home/Handlungshilfen/Leitfaeden/chemiehoch3-leitfaden-sdg-navigator_August.pdf, letzter Aufruf: 5.7.2022.

Initiative Chemie³, Pressemitteilung: Nachhaltigkeitsinitiative Chemie³ geht an den Start, 29.5.2013, www.chemiehoch3.de/presse/mitteilungen/29-mai-2013, letzter Aufruf: 5.7.2022.

Jürgen Kädtler/Hans-Hermann Hertle, Sozialpartnerschaft und Industriepolitik. Strukturwandel im Organisationsbereich der IG Chemie-Papier-Keramik, Opladen 1997.

Günter Könke, Tarifpolitik zwischen Kontinuität und Wandel. Tarifpolitische Weichenstellungen in der hamburgischen Metallindustrie nach 1945, in: Hans O. Hemmer (Hg.), Bilanz mit Aussichten. Die neue IG Metall an der Schwelle zum 21. Jahrhundert, Opladen/Wiesbaden 1999, 67–87.

Axel Lehmann, Der Marshall-Plan und das neue Deutschland. Die Folgen amerikanischer Besatzungspolitik in den Westzonen, Münster u.a. 2000.

Andreas Molitor, Hoechst AG. Verfall einer Legende, in: brand eins 5 (2016), www.brandeins.de/magazine/brand-eins-wirtschaftsmagazin/2016/wir/verfall-einer-legende, letzter Aufruf: 29.4.2022.

Walter Mühlhausen, Demokratischer Neubeginn in Hessen 1945-1949. Lehren aus der Vergangenheit für die Gestaltung der Zukunft, Wiesbaden 2005.

Walther Müller-Jentsch/Peter Ittermann, Industrielle Beziehungen. Daten, Zeitreihen, Trends 1950–1999, Frankfurt am Main 2000.

Walther Müller-Jentsch, Arbeitgeberverbände und Sozialpartnerschaft in der chemischen Industrie, in: Wolfgang Schroeder/Bernhard Weßels (Hg.): Handbuch Arbeitgeber- und Wirtschaftsverbände in Deutschland, Wiesbaden 2010, 395–417.

Walther Müller-Jentsch, Arbeitgeberverbände zwischen Konflikt- und Sozialpartnerschaft, in: Wolfgang Schröder/Bernhard Weßels (Hg.), Handbuch Arbeitgeber- und Wirtschaftsverbände in Deutschland, 2. Auflage, Wiesbaden 2017, 565–586.

Ohne Verfasser, „Erfolgreicher Streik der Bauarbeiter in Hessen, 28. August–9. September 1950", in: Landesgeschichtliches Informationssystem Hessen (lagis), www.lagis-hessen.de/de/subjects/idrec/sn/edb/id/976 (Stand: 12.10.2020), letzter Aufruf: 1.3.2022

Ohne Verfasser, „Hermann Habich gestorben", in: HNA, 11.1.2011, www.hna.de/wirtschaft/hermann-habich-gestorben-1077681.html, letzter Aufruf: 1.4.2022.

Rolf Paprotny, Tarifvertrag „Lebensarbeitszeit und Demographie". Wie leben ihn norddeutsche Chemieunternehmen? Eine qualitative Studie, Hannover 2016.

Toni Pierenkemper, Kurze Geschichte der „Vollbeschäftigung" in Deutschland nach 1945, 29.3.2012, in: APuZ, www.bpb.de/shop/zeitschriften/apuz/126004/kurze-geschichte-der-vollbeschaeftigung-in-deutschland-nach-1945, letzter Aufruf: 15.2.2022.

Poresta Systems, Historie, www.poresta.com/de/unternehmen/unternehmensseiten/historie, letzter Aufruf: 3.3.2022.

Ralf Rytlewski/Manfred Opp de Hipt, Die Bundesrepublik Deutschland in Zahlen 1945/49—1980. Ein sozialgeschichtliches Arbeitsbuch, München 1978.

Sachverständigenrat zur Begutachtung der gesamtwirtschaftlichen Entwicklung, Herausforderungen des demografischen Wandels, Expertise im Auftrag der Bundesregierung, Mai 2011, www.sachverstaendigenrat-wirtschaft.de/fileadmin/dateiablage/Expertisen/2011/expertise_2011-demografischer-wandel.pdf, letzter Aufruf: 1.5.2022.

Eberhard Schmidt, Arbeiterbewegung, in: Roland Roth/Dieter Rucht (Hg.), Die sozialen Bewegungen in Deutschland seit 1945. Ein Handbuch, Frankfurt am Main 2008, 157—186.

Joachim Scholtyseck u.a., Merck. 1668–2018. Von der Apotheke zum Weltkonzern, München 2018.

Wolfgang Schroeder, Geschichte und Funktion der deutschen Arbeitgeberverbände, in: Ders./Bernhard Weßels (Hg.), Handbuch Arbeitgeber- und Wirtschaftsverbände in Deutschland, 2. vollständig überarbeitete Auflage, Wiesbaden 2017, 29—51.

Mark Spoerer/Jochen Streb, Neue deutsche Wirtschaftsgeschichte des 20. Jahrhunderts, München 2013.

Walter Teltschik, Geschichte der deutschen Großchemie: Entwicklung und Einfluss in Staat und Gesellschaft, Weinheim 1992.

Sigrid Thomsen, Das lange Ringen um die Arbeitszeit, www.igbce.de/igbce/themen/politik-und-gesellschaft/das-lange-ringen-um-die-arbeitszeit-28734, letzter Aufruf: 3.5.2022.

Rudolf Tschirbs, Grundzüge der Tarifpolitik und der Tarifbewegungen in Bergbau, Energie, Chemie, Papier, Keramik und Leder in Westdeutschland, in: Klaus Tenfelde (Hg.), Ein neues Band der Solidarität. Chemie — Bergbau — Leder. Industriearbeiter und Gewerkschaften in Deutschland seit dem Zweiten Weltkrieg, Hannover 1997, 205—236.

Rudolf Uertz, Das Ahlener Programm. Die Zonenausschusstagung der CDU der britischen Zone vom 1. bis 3. Februar 1947 und ihre Vorbereitungen, in: Die Politische Meinung 52 (2007), 47—52.

Kai Umbach, Gastarbeiter, in: Landesgeschichtliches Informationssystem Hessen (lagis), www.lagis-hessen.de/de/subjects/drec/sn/edb/mode/catchwords/lemma/Gastarbeiter/current/0, letzter Aufruf: 15.2.2022.

Sebastian Voigt, Eine „Schandgasse" im Arbeitskampf. Der Chemiestreik 1971 bei Merck in Darmstadt — eine Fallstudie zu den industriellen Beziehungen in der Bundesrepublik am Ende des „Wirtschaftswunders", in: Vierteljahrshefte für Zeitgeschichte 68 (2020), 409—449.

Volker Weber, Nelken im November. 1945—1995. 50 Jahre IG Chemie-Papier-Keramik Frankfurt am Main, herausgegeben von der IG Chemie-Papier-Keramik, Langenbeutingen 1995.

Heinrich August Winkler, Geschichte des Westens, Bd. 2: Die Zeit der Weltkriege 1914—1945, München 2011.

Karl Winnacker, Nie den Mut verlieren. Erinnerungen an Schicksalsjahre der deutschen Chemie, 2. Auflage 1974.

Gerd Winter, Sozialisierung in Hessen, 1946—1955, in: Kritische Justiz 7 (1974), 157—175.

Christine Wittrock, Saubere Geschäfte, weiße Westen und Persilscheine. Die Geschichte der Seifenfabriken in Schlüchtern und Steinau seit 1825, Hanau 2002.

Kurt Wortig, Meilensteine 1947—1972, 25 Jahre Arbeitgeberverband der Hessischen Metallindustrie e. V. und der Vereinigung der Hessischen Arbeitgeberverbände e. V., herausgegeben von der Vereinigung der Hessischen Arbeitgeberverbände e. V. und dem Arbeitgeberverband der Hessischen Metallindustrie, Frankfurt am Main 1972.

Irmgard Zündorf, Der Preis der Marktwirtschaft. Staatliche Preispolitik und Lebensstandard in Westdeutschland 1948 bis 1963, Stuttgart 2006.

Anmerkungen

1 „Stunde Null“ – Der Aufbau des Arbeitgeberverbandes

1 Vgl. Wolfgang Bergem, „Stunde Null“ und „Achtundsechzig“ als Gründungsmythen der deutschen Nachkriegsdemokratie, in: Yves Bizeul/Stephanie Wodianka (Hg.), Mythos und Tabula rasa. Narrationen und Denkformen der totalen Auslöschung und des absoluten Neuanfangs, Bielefeld 2018, 125–140, hier: 127.

2 Vgl. u. a. Heinrich August Winkler, Geschichte des Westens, Bd. 2: Die Zeit der Weltkriege 1914–1945, München 2011, 1170f.

3 Vgl. Wolfgang Schroeder, Geschichte und Funktion der deutschen Arbeitgeberverbände, in: Ders./Bernhard Weßels (Hg.), Handbuch Arbeitgeber- und Wirtschaftsverbände in Deutschland, 2. vollständig überarbeitete Auflage, Wiesbaden 2017, 29–51, hier: 34f.

4 Vgl. Walter Mühlhausen, Demokratischer Neubeginn in Hessen 1945–1949. Lehren aus der Vergangenheit für die Gestaltung der Zukunft, Wiesbaden 2005, 19.

5 Sozialrechtliche Fachgemeinschaft Chemie für das Land Hessen e. V. in Wiesbaden an die Mitglieder des Vereins der Zellstoff-, Holzstoff-, Papier- und Pappenfabriken von Hessen, 2. 4. 1947, in: HessenChemie Archiv (im Folgenden: HCA), AGV Organisation.

6 Edgar Jörg, Aktenvermerk, 11.11.1947, in: HCA, AGV Organisation. Allgemein: Werner Bührer, Unternehmensverbände und Staat in Deutschland, in APuZ 15–16 (2006), 17–24.

7 Zur Bildung der IG Chemie-Papier-Keramik im Juni 1947 vgl. IG Chemie-Papier-Keramik (Hg.), 100 Jahre Industriegewerkschaft Chemie-Papier-Keramik, 1890–1990, Leitung und Bearbeitung von Hermann Weber, Köln 1990, 386.

8 Rundschreiben 1/47, 3.12.1947, in: HCA, AGV Organisation.

9 § 2 „Zweck des Vereins“, Satzung des Arbeitgeberverbandes Chemie und verwandte Industrien für das Land Hessen e. V. (im Folgenden: Arbeitgeberverband Chemie), 28.11.1947, in: HCA, AGV Organisation.

10 Rundschreiben 1/47, 3.12.1947, in: HCA, AGV Organisation.

11 Protokoll, Vorstandssitzung, 12.11.1948, in: HCA, Vorstandssitzung 1947–1954.

12 Arbeitsgemeinschaft der hessischen Arbeitgeberverbände an Edgar Jörg, 25. 4. 1949, in: HCA, Vorstandssitzung 1947–1954.

13 Arbeitsgemeinschaft der hessischen Arbeitgeberverbände an Edgar Jörg, 25. 4. 1949, in: HCA, Vorstandssitzung 1947–1954.

14 § 2 „Zweck des Vereins“, Satzung des Arbeitgeberverbandes Chemie, in: HCA, AGV Organisation.

15 Protokoll der Gründungsversammlung des Arbeitgeberverbandes Chemie, 28.11.1947, in: HCA, 50 Jahre Hessen-Chemie, Nov. 1997; Edgar Jörg an die Herren des Vorstands und des Großen Ausschusses, 26. 4. 1951, in: AGV Organisation. Abweichungen zu dieser Zahl finden sich in einer Statistik aus der Entwicklung des Arbeitgeberverbandes Chemie, in: HCA, Mitgliederversammlung 1973–1987, I/II, die für die Grafik zur Mitgliederentwicklung in diesem Buch verwendet wurde. Hier sind für 1950 274 Mitgliedsunternehmen angegeben.

16 Siehe: Hessisches Hauptstaatsarchiv Wiesbaden, Abt. 507, Nr. 12138.

17 Ebd. Letztlich erfüllten die Spruchkammerverfahren aufgrund ihres schematischen Vorgehens und der massenhaften Zahl der Verfahren nur bedingt ihren Zweck, vgl. Mühlhausen, Demokratischer Neubeginn, 54f. Siehe zu Eugen Heinlein: Christine Wittrock, Saubere Geschäfte, weiße Westen und Persilscheine. Die Geschichte der Seifenfabriken in Schlüchtern und Steinau seit 1825, Hanau 2002.

18 § 7 „Die Mitgliederversammlung“, Satzung des Arbeitgeberverbandes Chemie, 28.11.1947, in: HCA, AGV Organisation; Rundschreiben 4/48, 16. 4. 1948, in: HCA, Sitzung Gr. Ausschuss 1947–1952.

19 Protokoll, Vorstandssitzung, 12. 5. 1948, in: HCA, Vorstandssitzung 1947–1954.

20 Urteil des Landgerichts Wiesbaden, 19. 9. 1953, in: HCA, Vorstandssitzung 1947–1954; Werner Schwarz an Arbeitgeberverband Chemie, 17. 3. 1950, in: HCA, AGV Organisation; Edgar Jörg/Ludwig Losacker, Sonderrundschreiben an Mitglieder des Großen Ausschusses, 23.11.1949, in: HCA, AGV Organisation.

21 Vgl. Ulrich Herbert, Wer waren die Nationalsozialisten?, München 2021, 13f., Zitat: 14.

22 Eigene Anfertigung nach Satzung des Arbeitgeberverbandes Chemie, 29.11.1949, in: HCA, AGV Organisation.

23 Vgl. Joachim Scholtyseck u. a., Merck. 1668–2018. Von der Apotheke zum Weltkonzern, München 2018, 354.

24 Vgl. Walter Teltschik, Geschichte der deutschen Großchemie. Entwicklung und Einfluss in Staat und Gesellschaft, Weinheim 1992, 186f.

25 Vgl. ebd., 187.

26 Vgl. ebd., 200.

27 Vgl. Mühlhausen, Demokratischer Neubeginn, 44.

28 Edgar Jörg, Geschäftsbericht, Mitgliederversammlung, 30. 3. 1950, in: HCA, Mitgliederversammlung 1948–1958.

29 Vgl. Scholtyseck u. a., Merck, 353–354, Zitat: 354.

30 H. Geitzhaus, Manuskript für die Engelhard Festschrift, Mai 1972, in: Engelhard Arzneimittel Archiv.

31 Daten des Verbandes, in: HCA, 50 Jahre Hessen-Chemie, Nov. 1997; nicht unterzeichneter Brief (verm. Geschäftsführer) an Otto Braun, Melsungen, 5.6.1949, in: HCA, AGV Organisation. Die Miete für die Hotelräume betrug 858 DM monatlich, während die Miete für die neu anzumietenden Räume nur etwa die Hälfte betragen sollte.

32 Protokoll, Mitgliederversammlung, 29.11.1949, in: HCA, Mitgliederversammlung 1948–1958.

33 Die „Federführung" für den Aufbau des Arbeitsrings der Arbeitgeberorganisationen der Chemischen Industrie hatte Jörg noch als Vorsitzender der Sozialrechtlichen Fachgemeinschaft Chemie übernommen. Protokoll, Vorstandssitzung der Sozialrechtlichen Fachgemeinschaft, 6.10.1947, in: HCA, Vorstandssitzung 1947–1954. Die Namen der beiden Vereinigungen waren wohl so gewählt worden, dass das zur Zeit der Gründung noch geltende Verbot der Bildung von Dachorganisationen der Arbeitgeberverbände auf Landesebene umgangen werden konnte. Rundschreiben Nr. 1/48 des Hessischen Staatsministeriums, Minister für Wirtschaft und Verkehr, 19.1.1948, in: HCA, AGV Organisation. Die Gründung von „Arbeitsgemeinschaften zur Besprechung akuter Fragen" von Arbeitgeberverbänden hingegen war erlaubt, siehe Edgar Jörg, Aktenvermerk, 12.12.1947, in: HCA, AGV Organisation.

34 Edgar Jörg, Geschäftsbericht, Mitgliederversammlung, 30.3.1950, in: HCA, Mitgliederversammlung 1948–1958.

35 Sonderrundschreiben an Herren des Großen Ausschusses, 9.9.1949, in: HCA, Sitzung Gr. Ausschuss 1947–1952.

36 Edgar Jörg an Mitglieder des Vorstands und des Großen Ausschusses, 14.4.1949, in: HCA, Sitzung Gr. Ausschuss 1947–1952.

37 Edgar Jörg, Geschäftsbericht, Mitgliederversammlung, 30.3.1950, in: HCA, Mitgliederversammlung 1948–1958.

38 Vgl. Bundesvereinigung der Deutschen Arbeitgeberverbände (Hg.), 60 Jahre BDA, 60 Jahre Stimme der deutschen Wirtschaft, Berlin 2009, 67f; vgl. Ulrich von Alemann, Organisierte Interessen in der Bundesrepublik Deutschland, Wiesbaden 1989, 79.

39 Paul Coenen, Rede, Mitgliederversammlung, 21.5.1997, in: HCA, 50 Jahre Hessen-Chemie, Nov. 1997.

40 Edgar Jörg, Geschäftsbericht, Mitgliederversammlung, 30.3.1950, in: HCA, Mitgliederversammlung 1948–1958.

41 § 3,1 „Zweck", Satzung des Arbeitgeberverbandes Chemie, 29.11.1949, in: HCA, AGV Organisation.

42 Edgar Jörg, Geschäftsbericht, Mitgliederversammlung, 30.3.1950, in: HCA, Mitgliederversammlung 1948–1958.

43 Protokoll, Mitgliederversammlung, 29.11.1949, in: HCA, Mitgliederversammlung 1948–1958.

44 Firma E. Merck, Darmstadt an den Arbeitgeberverband Chemie, 17.3.1949, in: HCA, AGV Organisation. Auch: Antrag auf Änderung der Satzung des Arbeitgeberverbandes Chemie, in: HCA, AGV Organisation.

45 Edgar Jörg/Ludwig Losacker, Sonderrundschreiben an Mitglieder des Großen Ausschusses, 23.11.1949, in: HCA, AGV Organisation.

46 Edgar Jörg, Geschäftsbericht, Mitgliederversammlung, 30.3.1950, in: HCA, Mitgliederversammlung 1948–1958. Quellen, die diesen Entschluss belegen, finden sich jedoch nicht im Archiv.

47 Protokoll, Großer Ausschuss, 18.12.1951, in: HCA, Sitzung Gr. Ausschuss 1947–1952.

2 Arbeitgeberpolitik im „Spannungsfeld zwischen Ost und West"

1 Vgl. Axel Lehmann, Der Marshall-Plan und das neue Deutschland. Die Folgen amerikanischer Besatzungspolitik in den Westzonen, Münster u.a. 2000, 37.

2 Bereits am 27.11.1945 war die Frankfurter IG Chemie gegründet worden, am 2.6.1946 wurden die Chemie-Gewerkschaften in Hessen zu einem Landesverband zusammengefasst, vgl. Volker Weber, Nelken im November. 1945–1995. 50 Jahre IG Chemie-Papier-Keramik Frankfurt am Main, herausgegeben von der IG Chemie-Papier-Keramik, Langenbeutingen 1995, 12f.

3 Vgl. Richard Giesen, Tarifvertragliche Rechtsgestaltung für den Betrieb. Gegenstand und Reichweite betrieblicher und betriebsverfassungsrechtlicher Tarifnormen, Tübingen 2002, 87.

4 Aufgrund einer Ergänzung zur Direktive Nr. 14 konnten seit September 1946 in einem engen Rahmen Lohnerhöhungen ausgehandelt werden. Vgl. Reinhard Bispinck, 60 Jahre Tarifvertragsgesetz – Stationen der Tarifpolitik von 1949 bis 2009, in: Ders./Thorsten Schulten (Hg.), Zukunft der Tarifautonomie. 60 Jahre Tarifvertragsgesetz. Bilanz und Ausblick, Hamburg 2010, 20–35, hier: 21.

5 Kurt Wortig, Meilensteine 1947–1972, 25 Jahre Arbeitgeberverband der Hessischen Metallindustrie e.V. und der Vereinigung der Hessischen Arbeitgeberverbände e.V., herausgegeben von der Vereinigung der Hessischen Arbeitgeberverbände e.V. und dem Arbeitgeberverband der Hessischen Metallindustrie, Frankfurt am Main 1972, 92.

6 Protokoll, Mitgliederversammlung, 29.3.1949, in: HCA, Mitgliederversammlung 1948–1958.

7 Vgl. Mark Spoerer/Jochen Streb, Neue deutsche Wirtschaftsgeschichte des 20. Jahrhunderts, München 2013, 217.

8 Vgl. Irmgard Zündorf, Der Preis der Marktwirtschaft. Staatliche Preispolitik und Lebensstandard in Westdeutschland 1948 bis 1963, Stuttgart 2006, 59ff.

9 Vgl. Eberhard Schmidt, Arbeiterbewegung, in: Roland Roth/Dieter Rucht (Hg.), Die sozialen Bewegungen in

Deutschland seit 1945. Ein Handbuch, Frankfurt am Main 2008, 157–186, hier: 164.

10 Vgl. Giesen, Tarifvertragliche Rechtsgestaltung, 87.

11 Ludwig Losacker an Mitglieder des Großen Ausschusses, 16. 4. 1949, in: HCA, Sitzung Gr. Ausschuss 1947–1952; Ludwig Losacker an Mitglieder des Großen Ausschusses, 21. 4. 1949, in: HCA, Sitzung Gr. Ausschuss 1947–1952.

12 Edgar Jörg, Geschäftsbericht, Mitgliederversammlung, 30. 3. 1950, in: HCA, Mitgliederversammlung 1948–1958.

13 Sonderrundschreiben Arbeitgeberverband an Mitglieder des Großen Ausschusses, 26. 4. 1949, in: HCA, Sitzung Gr. Ausschuss 1947–1952.

14 Vgl. Lehmann, Marshall-Plan, 470; Spoerer/Streb, Neue deutsche Wirtschaftsgeschichte, 215f.

15 Vgl. Spoerer/Streb, Neue deutsche Wirtschaftsgeschichte, 215.

16 Vgl. Lehmann, Marshall-Plan, 470ff.

17 Ahlener Programm der CDU der britischen Zone, 3. 2. 1947, www.kas.de/de/einzeltitel/-/content/das-ahlener-programm-der-cdu-der-britischen-zone-vom-3.-februar-1947, letzter Aufruf: 2. 2. 2022.

18 Vgl. Rudolf Uertz, Das Ahlener Programm. Die Zonenausschusstagung der CDU der britischen Zone vom 1. bis 3. Februar 1947 und ihre Vorbereitungen, in: Die Politische Meinung 52 (2007), 47–52, hier: 49.

19 Vgl. Gerd Winter, Sozialisierung in Hessen, 1946–1955, in: Kritische Justiz 7 (1974), 157–175, hier: 159; vgl. Mühlhausen, Demokratischer Neubeginn, 35.

20 Edgar Jörg, Geschäftsbericht, Mitgliederversammlung, 30. 3. 1950, in: HCA, Mitgliederversammlung 1948–1958.

21 Protokoll, Mitgliederversammlung, 4. 4. 1952, in: HCA, Mitgliederversammlung 1948–1958.

22 Protokoll, Mitgliederversammlung, 19. 3. 1953, in: HCA, Mitgliederversammlung 1948–1958.

23 Protokoll, Vorstandssitzung, 18.12.1951, in: HCA, Vorstandssitzung 1947–1954.

24 Aufstellungen Etat, in: HCA, Mitgliederversammlung 1948–1958.

25 Protokoll, Vorstandssitzung, 14. 3. 1952, in: HCA, Vorstandssitzung 1947–1954.

26 Protokoll, Vorstandssitzung, 18.12.1951, in: HCA, Vorstandssitzung 1947–1954.

27 Protokoll, Vorstandssitzung, 15. 5. 1952, in: HCA, Vorstandssitzung 1947–1954.

28 Ludwig Losacker, Notiz über Telefongespräch mit Preusker [verm. Victor-Emanuel Preusker], FDP, 23. 8. 1949, in: HCA, Vorstandssitzung 1947–1954; Aktennotiz über die Vorstandssitzung, 27. 5. 1953, in: HCA, Vorstandssitzung 1947–1954.

29 Protokoll, Vorstandssitzung, 21. 9. 1954, in: HCA, Vorstandssitzung 1947–1954.

30 Protokoll, Großer Ausschuss, 31. 5. 1950, in: HCA, Sitzung Gr. Ausschuss 1947–1952.

31 Ohne Verfasser, „Erfolgreicher Streik der Bauarbeiter in Hessen, 28. August–9. September 1950", in: Landesgeschichtliches Informationssystem Hessen (lagis), www.lagis-hessen.de/de/subjects/idrec/sn/edb/id/976 (Stand: 12.10.2020), letzter Aufruf: 1. 3. 2022; Arbeitgeberverband Chemie an Mitglieder des Vorstands, 30. 8. 1950, in: HCA, Vorstandssitzung 1947–1954.

32 Arbeitgeberverband Chemie an Mitglieder des Vorstands, 30. 8. 1950, in: HCA, Vorstandssitzung 1947–1954.

33 Protokoll, Großer Ausschuss, 10. 7. 1951, in: HCA, Sitzung Gr. Ausschuss 1947–1952.

34 Protokoll, Mitgliederversammlung, 4. 4. 1952, in: HCA, Mitgliederversammlung 1948–1958.

35 Vgl. Günter Könke, Tarifpolitik zwischen Kontinuität und Wandel. Tarifpolitische Weichenstellungen in der hamburgischen Metallindustrie nach 1945, in: Hans O. Hemmer (Hg.), Bilanz mit Aussichten. Die neue IG Metall an der Schwelle zum 21. Jahrhundert, Opladen/Wiesbaden 1999, 67–87, hier: 74.

36 Bericht zur Lohnlage für Großer Ausschuss, 6. 9. 1951, in: HCA, Sitzung Gr. Ausschuss 1947–1952.

37 Vgl. Mühlhausen, Demokratischer Neubeginn, 58.

38 Zum Beispiel war die soziale Marktwirtschaft und ihre Sicherung durch konsequente Ordnungspolitik das Thema des Vortrages auf der Mitgliederversammlung von HessenChemie am 7. 6. 1978, in: HCA, Mitgliederversammlung 1973–1987.

HessenChemie und seine Mitglieder im Zeitverlauf

1 Eigene Zusammenstellung aus: Entwicklung des Arbeitgeberverbandes Chemie und verwandte Industrien für das Land Hessen e. V., Wiesbaden, in: HCA, Mitgliederversammlung 1973–1987, I/II; HessenChemie, Mitgliederentwicklung seit 1960.

3 Die 1950er-Jahre: Wachstumsjahre für Wirtschaft und Verband

1 Vgl. Spoerer/Streb, Neue deutsche Wirtschaftsgeschichte, 226, 228.

2 Vgl. Werner Abelshauser, Sisyphos und Phönix. Zur Entwicklung des Bergbaus und der chemischen Industrie in beiden deutschen Staaten, in: Klaus Tenfelde (Hg.), Ein neues Band der Solidarität. Chemie – Bergbau – Leder. Industriearbeiter und Gewerkschaften in Deutschland seit dem Zweiten Weltkrieg, Hannover 1997, 145–165, hier: 160.

3 Ohne Verfasser, „Hessische Exporte erneut gestiegen", in: Frankfurter Allgemeine Zeitung, 18.12.1959, 16.

4 Vgl. Chemische Werke Albert (Hg.), 100 Jahre Chemische Werke Albert: 1858–1958, Wiesbaden-Biebrich 1958.

5 Vgl. Karl Winnacker, Nie den Mut verlieren. Erinnerungen an Schicksalsjahre der deutschen Chemie, 2. Auflage 1974, 253, 256.

6 Gewinn- und Verlust-Rechnung zum 31.12.1959, in: HCA, Mitgliederversammlung 1959–1962.

7 Sozialbericht für Adolf Todt, 16.1.1956, in: HCA, Mitgliederversammlung 1948–1958.

8 Dies wird empirisch bestätigt, siehe Protokoll, Großer Ausschuss, 5.8.1954, in: HCA, Sitzung Gr. Ausschuss 1953–1962.

9 Protokoll, Großer Ausschuss, 8.3.1951, in: HCA, Sitzung Gr. Ausschuss 1947–1952.

10 Richtlinien für die Verwaltung und Verwendung des Fonds zur Sicherung des Arbeitsfriedens, März 1953, in: HCA, Sitzung Gr. Ausschuss 1968–1973.

11 Beschluss, undatiert, vermutlich Frühjahr 1951, in: HCA, Vorstandssitzung 1947–1954.

12 Protokoll, Vorstandssitzung, 8.3.1951, in: HCA, Vorstandssitzung 1947–1954.

13 BAVC, Historie, www.bavc.de/ueber-uns/historie, letzter Aufruf: 2.7.2022.

14 Protokoll, Großer Ausschuss, 21.9.1954, in: HCA, Sitzung Gr. Ausschuss, 1953–1962.

15 Protokoll, Vorstandssitzung, 19.9.1952, in: HCA, Vorstandssitzung 1947–1954.

16 Protokoll, Vorstandssitzung, 18.3.1954, in: HCA, Vorstandssitzung 1947–1954.

17 Vgl. Rudolf Tschirbs, Grundzüge der Tarifpolitik und der Tarifbewegungen in Bergbau, Energie, Chemie, Papier, Keramik und Leder in Westdeutschland, in: Klaus Tenfelde (Hg.), Ein neues Band der Solidarität. Chemie – Bergbau – Leder. Industriearbeiter und Gewerkschaften in Deutschland seit dem Zweiten Weltkrieg, Hannover 1997, 205–236, hier: 213.

18 Protokoll, Mitgliederversammlung, 25.6.1958, in: HCA, Mitgliederversammlung 1948–1958; Protokoll, Großer Ausschuss, 9.9.1955, in: HCA, Sitzung Gr. Ausschuss 1953–1962; vgl. Andrea-Hilla Carl/Anna Krehnke, Geschlechterdiskriminierung bei der betrieblichen Grundentgeltfindung. Positionen und Perspektiven von Management, Betriebsrat und Beschäftigten, Wiesbaden 2004, 111. Der durchschnittliche Bruttomonatsverdienst im früheren Bundesgebiet von vollzeitbeschäftigten Männern lag beispielsweise im Jahr 1954 bei 200 DM, von vollzeitbeschäftigten Frauen bei 110 DM. Siehe Destatis, Verdienste und Verdienstunterschiede, www.destatis.de/DE/Themen/Arbeit/Verdienste/Verdienste-Verdienstunterschiede/Tabellen/liste-bruttomonatsverdienste.html, letzter Aufruf: 15.4.2022.

19 Ludwig Losacker, Geschäftsbericht, Mitgliederversammlung, 19.3.1953, in: HCA, Mitgliederversammlung 1948–1958.

20 Protokoll, Mitgliederversammlung, 30.3.1955, in: HCA, Mitgliederversammlung 1948–1958.

21 Protokoll, Mitgliederversammlung, 8.5.1956, in: HCA, Mitgliederversammlung 1948–1958.

22 Vgl. Ernst Bäumler, Ein Jahrhundert Chemie, Düsseldorf 1963, 286; Sozialbericht für Adolf Todt, 16.1.1956, in: HCA, Mitgliederversammlung 1948–1958.

23 BAVC, Historie, www.bavc.de/ueber-uns/historie, letzter Aufruf: 2.7.2022.

24 Ludwig Losacker, Geschäftsbericht, Mitgliederversammlung, 19.3.1953, in: HCA, Mitgliederversammlung 1948–1958.

25 Zum Beispiel wurden von HessenChemie genannt: Haus Schwalbach, der Studienkreis „Der neue Betrieb" in Düsseldorf sowie der Arbeitskreis für soziale Betriebspraxis in München. Ludwig Losacker, Geschäftsbericht, Mitgliederversammlung, 19.3.1953, in: HCA, Mitgliederversammlung 1948–1958.

26 Ludwig Losacker, Geschäftsbericht, Mitgliederversammlung, 19.3.1953, in: HCA, Mitgliederversammlung 1948–1958.

27 Protokoll, Mitgliederversammlung, 8.4.1954, in: HCA, Mitgliederversammlung 1948–1958.

28 Vgl. Hans Günter Hockerts, Sozialpolitische Reformbestrebungen in der frühen Bundesrepublik. Zur Sozialreform-Diskussion und Rentengesetzgebung 1953–1957, in: Vierteljahrshefte für Zeitgeschichte 25 (1977), 341–372, hier: 371.

29 Ludwig Losacker, Geschäftsbericht, Mitgliederversammlung, 19.3.1953, in: HCA, Mitgliederversammlung 1948–1958.

30 Werner Gerboth, Geschäftsbericht, Mitgliederversammlung, 25.6.1958, in: HCA, Mitgliederversammlung 1948–1958; Protokoll, Großer Ausschuss, 27.5.1953, in: HCA, Sitzung Gr. Ausschuss 1953–1962.

31 Sozialbericht für Werner Gerboth, undatiert [verm. Frühjahr 1957], in: HCA, Mitgliederversammlung 1948–1958.

32 Zum Beispiel Protokoll, Großer Ausschuss, 27.5.1953, in: HCA, Sitzung Gr. Ausschuss 1953–1962.

33 Ludwig Losacker, Geschäftsbericht, Mitgliederversammlung, 19.3.1953, in: HCA, Mitgliederversammlung 1948–1958.

34 Werner Gerboth, Geschäftsbericht, Mitgliederversammlung, 25.6.1958, in: HCA, Mitgliederversammlung 1948–1958.

35 Zum Beispiel Protokoll, Vorstandssitzung, 2.8.1955, in: HCA, Vorstandssitzung 1955–1958.

36 Protokoll, Vorstandssitzung, 8.3.1960, in: HCA Vorstandssitzung 1959–1962.

37 Paul Coenen, Rede, Mitgliederversammlung, 21.5.1997, in: HCA, 50 Jahre Hessen-Chemie, Nov. 1997; Protokoll,

Vorstandssitzung, 10.10.1956, in: HCA, Vorstandssitzung 1955–1958.

38 Protokoll, Mitgliederversammlung, 24. 4. 1957, in: HCA, Mitgliederversammlung 1948–1958.

39 Protokoll, Vorstandssitzung, 2. 8. 1955, in: HCA, Vorstandssitzung 1955–1958; Protokoll, Vorstandssitzung, 23. 1. 1962, in: HCA, Vorstandssitzung 1959–1962; Protokoll, Großer Ausschuss, 17.11.1970, in: HCA, Sitzung Gr. Ausschuss 1968–1973.

4 Arbeitskampf mit allen Mitteln

1 Vgl. Spoerer/Streb, Neue deutsche Wirtschaftsgeschichte, 219.

2 Vgl. Kai Umbach, Gastarbeiter, in: Landesgeschichtliches Informationssystem Hessen (lagis), www.lagis-hessen.de/de/subjects/drec/sn/edb/mode/catchwords/lemma/Gastarbeiter/current/0, letzter Aufruf: 5. 3. 2022; Toni Pierenkemper, Kurze Geschichte der „Vollbeschäftigung" in Deutschland nach 1945, 29.3.2012, in: APuZ, www.bpb.de/shop/zeitschriften/apuz/126004/kurze-geschichte-der-vollbeschaeftigung-in-deutschland-nach-1945/, letzter Aufruf: 15. 2. 2022.

3 Protokoll, Vorstandssitzung, 25.11.1959, in: HCA, Vorstandssitzung 1959–1962; Werner Gerboth, Geschäftsbericht, Mitgliederversammlung, 25. 4. 1961, in: HCA, Mitgliederversammlung 1959–1962.

4 Ralf Rytlewski/Manfred Opp de Hipt, Die Bundesrepublik Deutschland in Zahlen 1945/49–1980. Ein sozialgeschichtliches Arbeitsbuch, München 1978, 78.

5 Werner Gerboth, Geschäftsbericht, Mitgliederversammlung, 6. 5. 1969, in: HCA, Mitgliederversammlung 1963–1972.

6 Rytlewski/Opp de Hipt, Bundesrepublik Deutschland, 78.

7 Auch in den 1950er-Jahren war diese Kritik schon laut geworden, siehe: Ludwig Losacker, Geschäftsbericht, Mitgliederversammlung, 19. 3. 1953, in: HCA, Mitgliederversammlung 1948–1958.

8 Siehe vor allem: Werner Gerboth, Geschäftsbericht, Mitgliederversammlung, 7. 5. 1963, in: HCA, Mitgliederversammlung 1963–1972; Protokoll, Mitgliederversammlung, 9. 5. 1967, in: HCA, Mitgliederversammlung 1963–1972; Werner Gerboth, Geschäftsbericht, Mitgliederversammlung, 10. 5. 1966, in: HCA, Mitgliederversammlung 1963–1972.

9 Hermann Handrack, Jahresbericht, Mitgliederversammlung, 8. 5. 1959, in: HCA, Mitgliederversammlung 1959–1962.

10 Adolf Todt/Ludwig Losacker an Arbeitsring der Arbeitgeberverbände der Deutschen Chemischen Industrie, 16. 1. 1952, in: HCA, Vorstandssitzung 1947–1954.

11 Protokoll, Großer Ausschuss, 29. 7. 1959, in: HCA, Sitzung Gr. Ausschuss, 1953–1962.

12 Protokoll, Großer Ausschuss, 8.11.1962, in: HCA, Sitzung Gr. Ausschuss, 1953–1962.

13 Protokoll, Mitgliederversammlung, 10. 5. 1966, in: HCA, Mitgliederversammlung 1963–1972.

14 Hermann Handrack, Jahresbericht, Mitgliederversammlung, 7. 5. 1963, in: HCA, Mitgliederversammlung 1963–1972.

15 Protokoll, Großer Ausschuss, 8.11.1962, in: HCA, Sitzung Gr. Ausschuss, 1953–1962.

16 Protokoll, Gründungsversammlung der Tarifgemeinschaft und Konstituierung ihres Tarifausschusses, 20.11.1962, in: HCA, 50 Jahre Hessen-Chemie, Nov. 1997. Otto Esser wurde erst 1963 in den Vorstand gewählt.

17 Protokoll Vorstandssitzung, 11.11.1964, in: HCA, Vorstandssitzung 1963–1964.

18 Von den Tarifverhandlungen 1963, die erstmals von der Tarifgemeinschaft koordiniert wurden, waren die „Herren unserer Tarifkommission […] demgemäß stark in Anspruch genommen." Werner Gerboth, Geschäftsbericht, Mitgliederversammlung, 1. 6. 1965, in: HCA, Mitgliederversammlung 1963–1972.

19 Protokoll, Vorstandssitzung, 12.12.1963, in: HCA, Vorstandssitzung 1963–1964.

20 Zum Beispiel Werner Gerboth, Geschäftsbericht, Mitgliederversammlung, 7. 5. 1963, in: HCA, Mitgliederversammlung 1963–1972.

21 Poresta Systems, Historie, www.poresta.com/de/unternehmen/unternehmensseiten/historie, letzter Aufruf: 3. 3. 2022.

22 Protokoll, Vorstandssitzung, 22.10.1968, in: HCA, Vorstandssitzung 1968–1971.

23 Ohne Verfasser, „Ein Arbeitskampf um Grundsätze", in: Frankfurter Allgemeine Zeitung, 22.11.1968, 19; Protokoll, Vorstandssitzung, 18.11.1968, in: HCA, Vorstandssitzung 1968–1971; vgl. Klaus Bertelsmann, Aussperrung. Eine Untersuchung ihrer Zulässigkeit unter besonderer Berücksichtigung ihrer geschichtlichen Entwicklung und Handhabung in der Praxis, Berlin 1979, 56.

24 Protokoll, Vorstandssitzung, 18.11.1968, in: HCA, Vorstandssitzung 1968–1971; Bertelsmann, Aussperrung, 56.

25 Ohne Verfasser, „Streik bei Correcta beendet", in: Frankfurter Allgemeine Zeitung, 30.11.1968, 20.

26 Protokoll, Mitgliederversammlung, 6. 5. 1969, in: HCA, Mitgliederversammlung 1963–1972.

27 Rundfunk-Telefoninterview – Live-Sendung vom 19.11.1968, in: HCA, Vorstandssitzung 1968–1971.

28 Ohne Verfasser, „Ein Arbeitskampf um Grundsätze", in: Frankfurter Allgemeine Zeitung, 22.11.1968, 19; Ohne Verfasser, „Aussperrungsgerede", in: Frankfurter Allgemeine Zeitung, 26.11.1968, 15.

29 Vgl. Tschirbs, Grundzüge der Tarifpolitik, 215.

30 Protokoll, Großer Ausschuss, 12. 3. 1970, in: HCA, Sitzung Gr. Ausschuss 1968–1973.

31 Vgl. Sebastian Voigt, Eine „Schandgasse" im Arbeitskampf. Der Chemiestreik 1971 bei Merck in Darmstadt – eine Fallstudie zu den industriellen Beziehungen in der Bundesrepublik am Ende des „Wirtschaftswunders", in: Vierteljahrshefte für Zeitgeschichte 68 (2020), 409–449, hier: 415.

32 Protokoll, Großer Ausschuss, 12. 3. 1970, in: HCA, Sitzung Gr. Ausschuss 1968–1973.

33 Vgl. Voigt, „Schandgasse" im Arbeitskampf, 415f.

34 Pressemeldung, „Hessische Chemiearbeitgeber: Lohnpolitischer Höhenflug gefährdet Sicherheit der Arbeitsplätze", 12. 3. 1971, in: HCA, Sitzung Gr. Ausschuss 1968–1973.

35 Protokoll, Großer Ausschuss, 25. 3. 1971, in: HCA, Sitzung Gr. Ausschuss 1968–1973.

36 Der BAVC-Tarifkalender, Ablauf der Lohnrunde 1971, in: HCA.

37 Vgl. Voigt, „Schandgasse" im Arbeitskampf, 416.

38 Ohne Verfasser, „Warnstreik bei Cassella", in: Frankfurter Allgemeine Zeitung, 3. 6. 1971, 25.

39 Vgl. Voigt, „Schandgasse" im Arbeitskampf, 417.

40 Ohne Verfasser, „IG Chemie will ‚Kleinkrieg' verschärfen", in: Frankfurter Allgemeine Zeitung, 19. 6. 1971, 4; Ohne Verfasser, „Die chemische Industrie will die Fabriktore offen halten", in: Frankfurter Allgemeine Zeitung, 22. 6. 1971, 1.

41 Vgl. Peter Birke, Wilde Streiks im Wirtschaftswunder. Arbeitskämpfe, Gewerkschaften und soziale Bewegungen in der Bundesrepublik und Dänemark, Frankfurt am Main/New York 2007, 283.

42 Vgl. Voigt, „Schandgasse" im Arbeitskampf, 423.

43 Vermerk zum Ablauf der ao [sic] Mitgliederversammlung am 17. 3. 1972, in: HCA, Sitzung Gr. Ausschuss 1968–1973.

Vorstandsvorsitzende und Hauptgeschäftsführer von HessenChemie zwischen 1947 und 2022

1 Zunächst sah die Satzung von HessenChemie die Bezeichnung „Geschäftsführer" für die Leitung der Geschäftsstelle vor. Seit der Satzungsänderung 1974 war es möglich, diese Person mit „Hauptgeschäftsführer" zu bezeichnen.

5 Nach dem Streik

1 Zit. nach Meinhard Heinze, Bundesarbeitgeberverband Chemie – 50 Jahre im Dienste der Sozialpolitik für die chemische Industrie, in: Bundesarbeitgeberverband Chemie e. V. (Hg.), Perspektiven. 50 Jahre Tarif- und Sozialpolitik in der Chemie, Heidelberg 1999, 7–28, hier: 9.

2 Vgl. ebd., 10.

3 Vgl. Spoerer/Streb, Neue deutsche Wirtschaftsgeschichte, 220, 224.

4 Theodor Marquard, Vortrag „Aktuelle und strukturelle Probleme der Arbeitsmarktpolitik in Hessen", Mitgliederversammlung, 5. 6. 1975, in: HCA, Mitgliederversammlung 1973–1987.

5 Vgl. Heinze, Bundesarbeitgeberverband Chemie, 11; vgl. Benedikt Bender, Politisch-ökonomische Konfliktlinien im sich wandelnden Wohlfahrtsstaat. Positionierung deutscher Interessenverbände von 2000 bis 2014, Wiesbaden 2020, 140.

6 Ausbildungs-Appell des Vorstands, 17. 3. 1983, in: HCA, Vorstandssitzung 1982–1988.

7 Entwicklung der wöchentlichen Arbeitszeit in verschiedenen Industriebereichen, in: HCA, Sitzung Hauptausschuss 1980–1994; Pressedienst, HessenChemie, 9. 3. 1989, in: HCA, Vorstandssitzung 1989–1994; vgl. Sigrid Thomsen, Das lange Ringen um die Arbeitszeit, www.igbce.de/igbce/themen/politik-und-gesellschaft/das-lange-ringen-um-die-arbeitszeit-28734, letzter Aufruf: 3. 5. 2022.

8 Beratungsunterlage für die Vorstandssitzung, 26. 3. 1993, in: HCA, Vorstandssitzung 1989–1994.

9 U. a. ebd.

10 Vgl. Jürgen Kädtler/Hans-Hermann Hertle, Sozialpartnerschaft und Industriepolitik. Strukturwandel im Organisationsbereich der IG Chemie-Papier-Keramik, Opladen 1997, 97.

11 BAVC, Sozialpartnerschaft, das Chemie-Markenzeichen, www.bavc.de/ueber-uns/sozialpartnerschaft, letzter Aufruf: 14. 4. 2022.

12 Beratungsunterlage für die Vorstands- und Beiratssitzung, 7. 11. 1985, in: HCA, Vorstandssitzung 1982–1988.

13 Die Differenzierung zwischen Geschäftsführer und Hauptgeschäftsführer war seit der Satzungsänderung von 1974 möglich, wurde aber erst konsequent seit 1979 angewendet. In diesem Kapitel wird Janert der Einheitlichkeit halber durchgängig als Hauptgeschäftsführer bezeichnet.

14 Friedrichkarl Janert, Geschäftsbericht, Mitgliederversammlung, 5. 6. 1975, in: HCA, Mitgliederversammlung 1973–1987.

15 Ebd.

16 Vgl. Walther Müller-Jentsch, Arbeitgeberverbände zwischen Konflikt- und Sozialpartnerschaft, in: Wolfgang Schröder/Bernhard Weßels (Hg.), Handbuch Arbeitgeber- und Wirtschaftsverbände in Deutschland, 2. Auflage, Wiesbaden 2017, 565–586, hier: 574.

17 Protokoll, Mitgliederversammlung, 15. 4. 1988, in: HCA, Mitgliederversammlung 1988–1995.

18 Friedrichkarl Janert, Geschäftsbericht, Mitgliederversammlung, 5. 6. 1975, in: HCA, Mitgliederversammlung

1973–1987; Zeitzeugeninterview Rolf-Achim Eich, 30.3.2022.

19 Rolf-Achim Eich, Arbeitsrecht. Beratung in arbeits- und sozialrechtlichen Angelegenheiten, 1993, in: HCA, Mitgliederversammlung 1988–1995.

20 Protokoll, Mitgliederversammlung, 27.4.1981, in: HCA, Mitgliederversammlung 1973–1987.

21 Protokoll, Mitgliederversammlung, 11.5.1971, in: HCA, Mitgliederversammlung 1963–1972.

22 Protokoll, Mitgliederversammlung, 9.6.1970, in: HCA, Mitgliederversammlung 1963–1972.

23 Protokoll, Mitgliederversammlung, 29.4.1982, in: HCA, Mitgliederversammlung 1973–1987.

24 Wolf und Partner, Empfehlung zur Durchführung eines Symposiums für Öffentlichkeitsarbeit, in: HCA, Vorstandssitzung 1968–1971; Protokoll, Vorstandssitzung, 2.9.1971, in: HCA, Vorstandssitzung 1968–1971.

25 Protokoll, Vorstandssitzung, 29.3.1963, in: HCA, Vorstandssitzung 1963–1964; Werner Gerboth, Geschäftsbericht, Mitgliederversammlung, 9.6.1970, in: HCA, Mitgliederversammlung 1963–1972.

26 Protokoll, Vorstandssitzung, 19.1.1972, in: HCA, Vorstandssitzung 1972–1981.

27 Zum Beispiel trugen auf den Mitgliederversammlungen die einzelnen Experten des Verbandes für ihr Fachgebiet vor, siehe etwa Protokoll, Mitgliederversammlung, 29.4.1982, in: HCA, Mitgliederversammlung 1973–1987. Auch Rolf-Achim Eich bestätigte diese Aussage, Zeitzeugeninterview Rolf-Achim Eich, 30.3.2022.

28 Protokoll, Vorstandssitzung, 17.11.1970, in: HCA, Sitzung Gr. Ausschuss 1968–1973.

29 Protokoll, Vorstandssitzung, 15.12.1969, in: HCA, Vorstandssitzung 1968–1971; Protokoll, Vorstandssitzung, 18.8.1970, in: HCA, Vorstandssitzung 1968–1971.

30 Ohne Verfasser, „Hermann Habich gestorben", in: HNA, 11.1.2011, www.hna.de/wirtschaft/hermann-habich-gestorben-1077681.html, letzter Aufruf: 1.4.2022.

31 Protokoll, Großer Ausschuss, 13.12.1973, in: HCA, Sitzung Gr. Ausschuss 1968–1973; Satzung des Arbeitgeberverbandes Chemie und verwandte Industrien für das Land Hessen e.V., 29.11.1949, in der Fassung vom 16.1.1974.

32 Geschäftsführung an Beirat, 8.10.1974, in: HCA, Vorstandssitzung 1972–1981.

33 Vermerk für Herrn Habich, 10.12.1973, in: HCA, Sitzung Gr. Ausschuss 1968–1973; Werner Gerboth, Geschäftsbericht, Mitgliederversammlung, 11.5.1971, in: HCA, Mitgliederversammlung 1963–1972.

34 Veranstaltungen mit der Unternehmer-Kontaktgruppe Wiesbaden 1975/1. Halbjahr 1976, in: HCA, Mitgliederversammlung 1973–1987.

35 Öffentlichkeitsarbeit des Arbeitgeberverbandes Chemie für das Land Hessen 1982, in: HCA, Vorstandssitzung 1972–1981.

36 Protokoll, Vorstand und Beirat, 19.3.1987, in: HCA, Vorstandssitzung 1982–1988; Resümee zur Anzeigen-Aktion, 18.3.1987, in: HCA, Vorstandssitzung 1982–1988.

37 Protokoll, Außerordentliche Mitgliederversammlung, 17.3.1972, in: HCA, Mitgliederversammlung 1963–1972. Zum 30.6.1971 wurde der Bezug der Arbeitnehmer-Zeitung „Werk und Leben" durch Geschäftsführer Gerboth gekündigt, siehe Werner Gerboth an Werkschriftenverlag GmbH, 14.5.1971, in: HCA, Vorstandssitzung 1968–1971.

38 Jahres-Einnahmen- und Ausgaben-Rechnung zum 31.12.1971 und Etat-Voranschlag für das Jahr 1972, in: HCA, Vorstandssitzung 1972–1981.

39 Protokoll, Vorstandssitzung, 18.3.1983, in: HCA, Vorstandssitzung 1982–1988.

40 Geschäftsbericht 1975, arbeits- und sozialrechtliche Seminarreihe, Betriebsräteseminare, in: HCA, Mitgliederversammlung 1973–1987.

41 Zum Beispiel Protokoll, Vorstandssitzung, 22.6.1972, in: HCA, Vorstandssitzung 1972–1981.

42 Protokoll, Vorstandssitzung, 28.9.1979, in: HCA, Vorstandssitzung 1972–1981.

43 Lena Heidemann, Das Recht auf Bildungsfreistellung, in: Hessische Blätter für Volksbildung 72 (2022), 32–42, doi.org/10.3278/HBV2201W004, letzter Aufruf: 1.5.2022.

44 Protokoll, Mitgliederversammlung, 29.4.1982, in: HCA, Mitgliederversammlung 1973–1987.

45 Themenplanung für die Vorstands- und Beiratssitzung am 24.3.1988, in: HCA, Vorstandssitzung 1982–1988.

46 Protokoll, Mitgliederversammlung, 15.4.1988, in: HCA, Mitgliederversammlung 1988–1995.

47 Hannelore Kröter, Budgetübersicht per 31.12.1988, 26.1.1989, in: HCA, Vorstandssitzung 1989–1994.

48 Maja Becker-Mohr, Öffentlichkeitsarbeit, Wanderausstellung „Dialog mit der Chemie", 1993, in: HCA, Mitgliederversammlung 1988–1995.

49 Wanderausstellung, Zusammenfassung der Ausgaben, 31.10.1991, in: HCA, Vorstandssitzung 1989–1994.

50 Protokoll, Vorstandssitzung, 17.11.1989, in: HCA, Vorstandssitzung 1989–1994.

51 Maja Becker-Mohr, Öffentlichkeitsarbeit, Wanderausstellung „Dialog mit der Chemie", 1993, in: HCA, Mitgliederversammlung 1988–1995.

6 1990er-Jahre – Krisenjahre?

1 Vgl. Detlev Brunner, Die Gewerkschaften im vereinten Deutschland, in: Mitbestimmung (2020) 1, 39–41, hier: 40.

2 Vgl. Walther Müller-Jentsch/Peter Ittermann, Industrielle Beziehungen. Daten, Zeitreihen, Trends 1950–1999,

Frankfurt am Main 2000, hier: Tabelle C24, IG Chemie-Papier-Keramik (1), Entwicklung des Mitgliederstandes, 1950–1996, 112.

3 Destatis, Registrierte Arbeitslose und Arbeitslosenquote nach Gebietsstand, www.destatis.de/DE/Themen/Wirtschaft/Konjunkturindikatoren/Lange-Reihen/Arbeitsmarkt/lrarb003ga.html, letzter Aufruf: 1. 5. 2022.

4 Manfred Hoppe, Aus- und Weiterbildung/Wirtschaftspolitik, 1993, in: HCA, Mitgliederversammlung 1988–1995.

5 Ebd.

6 Udo Heydenreich, Sozialversicherung und Steuern, Betriebliches Personal- und Sozialwesen, 1995, in: HCA, Mitgliederversammlung 1988–1995.

7 Spoerer/Streb, Neue deutsche Wirtschaftsgeschichte, 262.

8 Friedrichkarl Janert, Tarifpolitik im Übergang von 1993 zu '94, 4.11.1993, in: HCA, Vorstandssitzung 1989–1994.

9 Vgl. Reinhard Bahnmüller/Reinhard Bispinck/Anni Weiler, Tarifpolitik und Lohnbildung in Deutschland am Beispiel ausgewählter Wirtschaftszweige, WSI-Diskussionspapier 79 (1999), Düsseldorf: Wirtschafts- und Sozialwissenschaftliches Institut in der Hans-Böckler-Stiftung, 27f., nbn-resolving.org/urn:nbn:de:0168-ssoar-234337, letzter Aufruf: 1. 4. 2022.

10 Rolf-Achim Eich, Vorwort zum Geschäftsbericht, Mitgliederversammlung, 27. 5. 1998, in: HCA, Mitgliederversammlung 1996–2002.

11 U. a. Vorlage zur Sitzung Hauptausschuss/Tarifkommission, 14. 2. 1996, in: HCA, Gremiensitzung 1996–2001; vgl. Bahnmüller/Bispinck/Weiler, Tarifpolitik und Lohnbildung, 28f.

12 Friedrichkarl Janert, Tarif- und Sozialpolitik, Öffentlichkeitsarbeit, Organisation, 1993, in: HCA, Mitgliederversammlung 1988–1995.

13 Sonderrundschreiben 15/1993, 14. 5. 1993, in: HCA, Mitgliederversammlung 1988–1995.

14 Bericht der Geschäftsführung, Mitgliederversammlung, 8. 5. 1996, in: HCA, Mitgliederversammlung 1996–2002.

15 Vorschlag zum Ablauf der Jahresmitgliederversammlung am 1. 6. 1995, 22. 5. 1995, in: HCA, Mitgliederversammlung 1988–1995.

16 Vermerk über die Vorstandssitzung am 11. 7. 1989, in: HCA, Vorstandssitzung 1989–1994.

17 Ludwig Georg Braun, Gedanken zu „Arbeitgeberverband 2000", 6. 7. 1989, in: HCA, Vorstandssitzung 1989–1994.

18 Beratungsunterlage für die Vorstandssitzung, 30. 4. 1996, in: HCA, Vorstandssitzung 1995–2000; Rolf-Achim Eich, Tarifverträge und Sozialpartnerbeziehungen am Beispiel der chemischen Industrie, in: Neue Zeitschrift für Arbeitsrecht (1995) 4, 149–155, hier: 149.

19 HessenChemie, Aufstellung, Mitgliederzahlen seit 1960.

20 Vgl. Gottlieb Förster, Stabilisierung des Flächentarifvertrags durch Flexibilisierung. Tarifpolitische Konzepte und Erfahrungen der IG BCE, in: Reinhard Bispinck (Hg.) Verteilungskämpfe und Modernisierung. Aktuelle Entwicklungen in der Tarifpolitik, Hamburg 2008, 151–153, hier: 152.

21 Friedrichkarl Janert, Geschäftsbericht, Mitgliederversammlung, 1. 6. 1995, in: HCA, Mitgliederversammlung 1988–1995.

22 Eich, Tarifverträge und Sozialpartnerbeziehungen, 150.

23 HessenChemie an Teilnehmer der Jahresmitgliederversammlung, 10. 4. 1989, in: HCA, Mitgliederversammlung 1988–1995.

24 Die Zusammenstellung basiert auf einer Tabelle aus: Walther Müller-Jentsch, Arbeitgeberverbände und Sozialpartnerschaft in der chemischen Industrie, in: Wolfgang Schroeder/Bernhard Weßels (Hg.): Handbuch Arbeitgeber- und Wirtschaftsverbände in Deutschland, Wiesbaden 2010, 395–417, hier: 417.

25 Protokoll, Vorstandssitzung, 4. 7. 1997, in: HCA, Vorstandssitzung 1995–2000.

26 HessenChemie, Aufstellung, Mitgliederzahlen seit 1960.

27 Christian Lutz, Die deutsche Chemie am Ende des Industriezeitalters, Mitte April 1999, 1, 37, in: HCA, Vorstandssitzung 1995–2000. Christian Lutz war zum Zeitpunkt der Auftragsvergabe noch beim Gottfried-Duttweiler-Institut tätig. Die Anfertigung der Studie nahm er schließlich als Selbstständiger vor.

28 Zeitzeugeninterview Petermartin Oschmann, 29. 3. 2022.

29 Diagramm basierend auf einer Vorlage aus: HCA, Mitgliederversammlung 1996–2002.

30 Protokoll, Jahresmitgliederversammlung, 14. 4. 1999, in: HCA, Mitgliederversammlung 1996–2002; Zeitzeugeninterview Rolf-Achim Eich, 30. 3. 2022.

31 Infraserv Höchst, Standortbetrieb Industriepark Höchst, www.infraserv.com/de/referenzen/industrieparkhoechst/#; letzter Aufruf: 25. 4. 2022; Andreas Molitor, Hoechst AG. Verfall einer Legende, in: brand eins 5 (2016), www.brandeins.de/magazine/brand-eins-wirtschaftsmagazin/2016/wir/verfall-einer-legende, letzter Aufruf 29. 4. 2022.

7 Neues Jahrtausend – Neue Wege

1 Vgl. Sachverständigenrat zur Begutachtung der gesamtwirtschaftlichen Entwicklung, Herausforderungen des demografischen Wandels, Expertise im Auftrag der Bundesregierung, Mai 2011, 22, www.sachverstaendigenrat-wirtschaft.de/fileadmin/dateiablage/Expertisen/2011/expertise_2011-demografischer-wandel.pdf, letzter Aufruf: 1. 5. 2022.

2 Vgl. Deutsches Institut für Wirtschaftsforschung e. V., Pressemitteilung: Grundlinien der Wirtschaftsentwicklung 2002/2003. Weltwirtschaft in der Krise, 8. 1. 2002, www.diw.de/de/diw_01.c.10247.de/grundlinien_der_wirtschaftsentwicklung_2002/2003_br_weltwirtschaft_in_der_krise.html, letzter Aufruf: 5. 5. 2022.

3 Aus- und Weiterbildung/Wirtschaftspolitik, in: Geschäftsbericht zur Jahresmitgliederversammlung 2002, in: HCA, Mitgliederversammlung 1996–2002, 8.

4 Reinhard Bispinck/WSI-Tarifarchiv, Tarifpolitischer Jahresbericht 2002: Harte Verteilungskonflikte. Tarifreformen in einzelnen Branchen, Düsseldorf 2003, 10f., www.boeckler.de/pdf/p_ta_jb_2002_text.pdf, letzter Aufruf: 22. 5. 2022.

5 Rolf-Achim Eich, Vorwort zum Geschäftsbericht zur Jahresmitgliederversammlung 2002, in: HCA, Mitgliederversammlung 1996–2002, 2f.

6 Bundeszentrale für politische Bildung, Arbeitslose und Arbeitslosenquote, 25. 3. 2022, www.bpb.de/kurz-knapp/zahlen-und-fakten/soziale-situation-in-deutschland/61718/arbeitslose-und-arbeitslosenquote, letzter Aufruf: 10. 5. 2022.

7 Aus- und Weiterbildung/Wirtschaftspolitik, Geschäftsbericht zur Jahresmitgliederversammlung 2004, in: HCA, Mitgliederversammlung 2003–2005, 12.

8 Sven Astheimer u.a., „Die Agenda 2010 – eine Bilanz", in: Frankfurter Allgemeine Zeitung, 13. 3. 2013, www.faz.net/aktuell/wirtschaft/wirtschaftspolitik/10-jahre-danach-die-agenda-2010-eine-bilanz-12112119.html?printPagedArticle=true#pageIndex_2, letzter Aufruf: 20. 5. 2022.

9 Karl-Hans Caprano, Vorstandsbericht zur Jahresmitgliederversammlung 2004, in: HCA, Mitgliederversammlung 2003–2005, 3.

10 Ebd.

11 HessenChemie, Pressemitteilung: Tarifpartner in der Chemie brauchen und wollen keine gesetzlichen Öffnungsklauseln/1. Wiesbadener Gespräche über die Zukunft des Flächentarifvertrages, 29. 3. 2005, www.verbaende.com/news/pressemitteilung/tarifpartner-in-der-chemie-brauchen-und-wollen-keine-gesetzliche-oeffnungsklauseln-1-wiesbadener-gespraeche-ueber-die-zukunft-des-flaechentarifvertrages-30656, letzter Aufruf: 30. 5. 2022.

12 Rolf-Achim Eich, Vorwort zum Geschäftsbericht zur Jahresmitgliederversammlung 2004, in: HCA, Mitgliederversammlung 2003–2005, 3.

13 BAVC, Historie, www.bavc.de/ueber-uns/historie, letzter Aufruf: 2. 7. 2022.

14 Sonderrundschreiben Nr. 35/2003, 22. 5. 2003, in: HCA, Mitgliederversammlung 2003–2005.

15 Spoerer/Streb, Neue deutsche Wirtschaftsgeschichte, 221.

16 Protokoll, Vorstandssitzung, 16. 4. 2009, in: HCA, Vorstandssitzung 2008–2009.

17 Jürgen Funk, Wirtschaftskrise: mit Vertrauen und Kooperation, 25. 8. 2015, in: HessenChemie-Blog, hessenchemie-blog.de/nachhaltigkeit/wirtschaftskrise-mit-vertrauen-und-kooperation, letzter Aufruf: 10. 5. 2022.

18 Axel Schack, Vorwort, in: HCA, Jahresbericht 2009, 4.

19 Protokoll, Vorstandssitzung, 6. 6. 2002, in: HCA, Vorstandssitzung 2001–2004; Protokoll, Vorstandssitzung, 24. 4. 2002, in: HCA, Vorstandssitzung 2001–2004; Protokoll, Vorstandssitzung, 5. 9. 2002, in: HCA, Vorstandssitzung 2001–2004.

20 Aktennotiz der Präsentation und Diskussion der Verbandsstrategie HessenChemie2005plus, 27. 1. 2004, in: HCA, Vorstandssitzung 2001–2004; Protokoll, Vorstandssitzung, 30.10.2002, in: HCA, Vorstandssitzung 2001–2004.

21 Mitgliederbefragung HessenChemie, Auswertung, von HessenChemie zur Einsicht zu Verfügung gestellt.

22 Sonderrundschreiben Nr. 35/2003, 22. 5. 2003, in: HCA, Mitgliederversammlung 2003–2005.

23 Vermerk: Organisation und inhaltliche Strukturierung (Neustrukturierung) unserer Öffentlichkeitsarbeit, 15.10.2002, in: HCA, Vorstandssitzung 2001–2004.

24 Zeitzeugeninterview, Jürgen Funk, 16. 5. 2022; Kommunikationskonzept HessenChemie2005plus, AGV HessenChemie, Vorlage für die Vorstandssitzung, 1. 4. 2004, in: HCA, Vorstandssitzung 2001–2004.

25 Zum Beispiel der Aufsatz von Frank Maschmann, Tarifverträge in Europa – eine rechtsvergleichende Skizze, im Sammelband zur ersten Ausrichtung der Wiesbadener Sozialpolitik 2005 „Flächentarifvertrag Zukunfts- oder Auslaufmodell? Festschrift für Rolf-Achim Eich", siehe scholar.google.com/scholar?hl=de&as_sdt=0%2C5&q=Wiesbadener+Gespr%C3%A4che+f%C3%BCr+Sozialpolitik&btnG=, letzter Aufruf: 18. 5. 2022.

26 Jahresbericht 2007, 15. 5. 2007, 3, von HessenChemie zur Einsicht zu Verfügung gestellt.

27 Protokoll, Jahresmitgliederversammlung, 15. 5. 2007, in: HCA, Mitgliederversammlung 2006–2022.

28 Präsentation „Fortführung der Verbandsstrategie HessenChemie2005plus", Vorstandssitzung, 5.11.2008, in: HCA, Vorstandssitzung 2008–2009.

29 Haushalt 2005 des Arbeitgeberverbandes Chemie und verwandte Industrien Hessen e. V., Mitgliederversammlung 2005, Wiesbaden, 11.05.2005, in: HCA, Mitgliederversammlung 2003–2005.

30 Zeitzeugeninterview Petermartin Oschmann, 29. 3. 2022, Zeitzeugeninterview Rolf-Achim Eich, 30. 3. 2022.

31 Zeitzeugeninterview Rolf-Achim Eich, 30. 3. 2022.

32 Protokoll, Jahresmitgliederversammlung, 15. 6. 2010, in: HCA, Mitgliederversammlung 2006–2022.

8 Branche im Umbruch

1 HessenChemie, Pressemitteilung: In Hessen startet die Chemie-Tarifrunde. Arbeitgeber weisen Forderung der Gewerkschaft als überzogen zurück und warnen vor „Euphorie-Falle“, 14.02.2011, www.verbaende.com/news/pressemitteilung/in-hessen-startet-die-chemie-tarifrunde-arbeitgeber-weisen-forderung-der-gewerkschaft-als-ueberzogen-zurueck-und-warnen-vor-euphorie-falle-75138/, letzter Aufruf: 28. 5. 2022.

2 HessenChemie, Pressemitteilung: Chemie erreicht Vorkrisenniveau – Pharmageschäft trübt sich ein, 5.11.2015, www.verbaende.com/news/pressemitteilung/chemie-erreicht-vorkrisenniveau-pharmageschaeft-truebt-sich-ein-106790/, letzter Aufruf: 1. 6. 2022.

3 Rolf Paprotny, Tarifvertrag „Lebensarbeitszeit und Demographie“. Wie leben ihn norddeutsche Chemieunternehmen? Eine qualitative Studie, Hannover 2016, 55.

4 Paprotny, Tarifvertrag, 65.

5 HessenChemie, Presseinformation zu den Wiesbadener Gesprächen zur Sozialpolitik, 24.10.2017.

6 BAVC, Impuls. Nachrichten und Positionen aus der Chemie, 11/2018, 1; Protokoll, Vorstandssitzung, 30. 4. 2019, in: HCA, Vorstandssitzung 2014–2021.

7 BAVC, Roadmap Arbeit 4.0: Interview mit Petra Lindemann, 26. 9. 2019, https://www.bavc.de/aktuelles/1884-roadmap-arbeit-4-0-interview-mit-petra-lindemann, letzter Aufruf: 30. 7. 2022.

8 Folgende Optionen zur Verwendung des Zukunftsbetrages stehen zur Verfügung: Langzeitkonto, Freistellung, Qualifizierung (Bereich Zeit statt Geld), Aufstockung Pflegezusatzversicherung, Altersvorsorge, Berufsunfähigkeitszusatzversicherung, Gesundheit (Bereich Sicherheit und Vorsorge) oder Auszahlung. Siehe BAVC, Presseinformation, 22.11.2019.

9 Protokoll, Jahresmitgliederversammlung, 23. 6. 2015, in: HCA, Mitgliederversammlung 2006–2022.

10 Protokoll, Vorstandssitzung, 4. 5. 2016, in: HCA, Vorstandssitzung 2014–2021.

11 Protokoll, Vorstandssitzung, 29. 4. 2021, in: HCA, Vorstandssitzung 2014–2021.

12 Relaunch von www.hessenchemie.de; mit neuer Website bereit für die digitale Zukunft, in: HessenChemie Akademie: Seminarprogramm 2022.

13 Zeitzeugeninterview, Dirk Meyer, 14. 3. 2022.

14 Wir bauen Zukunft – Das Haus der Chemie, in: HCA, Vorstandssitzung 2010–2011.

15 Patenschaft für Büromöbel, in: HCA, Vorstandssitzung 2012–2013.

16 Wir bauen Zukunft – Das Haus der Chemie, in: HCA, Vorstandssitzung 2010–2011.

17 Zeitzeugeninterview, Dirk Meyer, 14. 3. 2022.

18 Protokoll, Vorstandssitzung, 29. 4. 2014, in: HCA, Vorstandssitzung 2014–2021; Protokoll, Jahresmitgliederversammlung, 5. 6. 2014, 5 in: HCA, Mitgliederversammlung 2006–2022.

19 Protokoll, Vorstandssitzung, 25. 4. 2012, in: HCA, Vorstandssitzung 2012–2013; Protokoll, Vorstandssitzung, 17.11.2015, in: HCA, Vorstandssitzung 2014–2021; Protokoll Vorstandssitzung, 2. 5. 2017, in: HCA, Vorstandssitzung 2014–2021.

20 Protokoll, Jahresmitgliederversammlung, 5. 6. 2014, 6, in: HCA, Mitgliederversammlung 2006–2022.

21 Protokoll, Vorstandssitzung, 2. 5. 2017, in: HCA, Vorstandssitzung 2014–2021.

22 HessenChemie, Pressemitteilung: Dirk Meyer wird neuer Hauptgeschäftsführer der HessenChemie, 16.10.2015, www.verbaende.com/news/pressemitteilung/dirk-meyer-wird-neuer-hauptgeschaeftsfuehrer-der-hessenchemie-106392/, letzter Aufruf: 1. 6. 2022.

23 Protokoll, Vorstandssitzung, 16.11.2016, in: HCA, Vorstandssitzung 2014–2021.

24 Protokoll, Vorstandssitzung, 3.11.2010, in: HCA, Vorstandssitzung 2010–2011; Protokoll, Vorstandssitzung, 15. 4. 2011, in: HCA, Vorstandssitzung 2010–2011.

25 Protokoll, Vorstandssitzung, 2. 5. 2017, in: HCA, Vorstandssitzung 2014–2021.

26 Initiative Chemie3, Pressemitteilung: Nachhaltigkeitsinitiative Chemie3 geht an den Start, 29. 5. 2013, www.chemiehoch3.de/presse/mitteilungen/29-mai-2013, letzter Aufruf: 5. 7. 2022.

27 Initiative Chemie3, Leitfaden SDG-Navigator für Unternehmen der chemischen Industrie, www.chemiehoch3.de/fileadmin/user_upload/Home/Handlungshilfen/Leitfaeden/chemiehoch3-leitfaden-sdg-navigator_August.pdf, letzter Aufruf: 5. 7. 2022.

28 Zeitzeugeninterview, Dirk Meyer, 14. 3. 2022.

29 Protokoll, Jahresmitgliederversammlung, 18. 6. 2020, in: HCA, Mitgliederversammlung 2006–2022.

30 Protokoll, Vorstandssitzung, 18.11.2020, in: HCA, Vorstandssitzung 2014–2021.

31 Bericht des Vorstands, 18. 5. 2021, in: HCA, Mitgliederversammlung 2006–2022.

32 Bericht des Vorstands, 14. 6. 2022, in: HCA, Mitgliederversammlung 2006–2022.

33 Protokoll, Vorstandssitzung, 25.11.2021, in: HCA, Vorstandssitzung 2014–2021.

34 BAVC, Pressemitteilung: Tarifrunde #Chemie22: Brücken-Regelung vereinbart, 5. 4. 2022, www.bavc.de/service/pressemitteilungen/2144-pi-05-04-22, letzter Aufruf: 5. 7. 2022.